인생을 바꿀 12가지 지혜

리더의 아침수업

인생을 바꿀 12가지 지혜

리더의 아침수업

KMA리더스모닝포럼 강연자 12인 지음

Leaders Morning Forum

매일경제신문사

여러분에게 '아침'은 어떤 의미인가요? 일반적으로 아침은 시작의 의미를 가지고 있습니다. 시작이 반이라는 말처럼 우리에게 아침은 하루를 결정짓는 절반이자, 인생을 결정짓는 절반이기도 합니다.

그리고 여기 배움으로 아침의 문을 여는 이들이 있습니다. KMA 한국능률협회에서는 2006년 6월부터 매월 '리더스모닝포럼'이라는 컨퍼런스를 진행하고 있습니다. 해가 뜨기 전 시간인 6시 30분, 행사 장소에 800여 명의 핵심부서장과 오피니언 리더들이 모여 교류를 나누고 다양한 주제의 강연을 듣습니다. 글로벌 기업의 CEO나 해외 유명 대학의 교수들이 종종 참여하시는데, 그 현장을 보고 이렇게 말씀을 주시곤 합니다.

"이것이 대한민국 경제 발전의 증거이다."

무엇이 그들을 이른 아침부터 배움에 대한 열망으로 불타오르게

4

할까요? 가장 큰 이유는 바로 '성장'에 대한 목마름일 것입니다. 그 목마름을 해소하기 위해 대한민국을 대표하는 리더들의 강연을 통해 배우게 됩니다. 트렌드, 성공전략, 리더십 등 기업의 지속 성장을 이끌어가고 있는 핵심리더라면 꼭 알아야 할 지식과 지혜를 접하게 되는 것이죠. 또한 800여 명의 참가자들이 발산하는 열정에 또 한번 배우게 됩니다. 요즘은 온라인으로 다양한 콘텐츠를 접할 수 있지만 강연 현장이 주는 생생한 울림을 따라갈 수가 없습니다.

지식과 지혜의 공간, 리더스모닝포럼은 2016년 8월이 되면 100회를 맞이합니다. 지금까지 수많은 명사들이 강연에 참여해 주셨고, 그중 가장 뜨거운 호응과 관심을 받은 12명의 강사 분들께서 지식 콘텐츠를 기부, 이를 바탕으로 도서를 출간하게 되었습니다. 대한민국을 울리고 웃긴 〈응답하라〉시리즈의 주인공 이명한 CJ E&M 국장님, 디자인 경영과 독특한 기업문화로 주목받고 있는 김봉진 우아한형제들 대표님, 행복은 무엇인가에 대해 화두를 던져주신 프랑수아 를로르 작가님, 천만 관객을 이끌어낸 영화계의 인문학자 이준익 감독님, 범죄심리학을 바탕으로 설득과 협상의 노하우를 전해주신 표창원 국회의원님, 가장 일하기 좋은 기업이면서 가장 성장하고 있는 기업을 동시에 구축한 이형우 마이다스아이티 대표님, 세계에서 가장 주목받고 있는 공유경제 기업 우버코리아의 강경훈 지사장님, 글로벌 한류를 이끌며 세계 속에 한국을 알리고 있는 최성준 YG엔터테인먼트 운영총괄책임자COO님, 심리학을 기반으로 리더십의 본질에 대해 제시해 주신 김경일 아주대학교 교수님, 직원이 몰입하고 잠재력을 극대화할 수 있는 경영철학을 전해주신 최동석 인사조직연구소 소장님, 우리가 갖고 있는 통념과 고정관념을 깰 수 있는 디자인 혁신 전략의 대가 에린조 파슨스디자인스쿨 교수님, 그리고 혼돈의 시대에서 변화의 주도권을 잡을 수 있는 트렌스마케팅의 창시자 장대련 연세대학교 교수님까지…, 12분의 소중한 강연은 책으로 다시 태어나 세상에 나오게 되었습니다.

도서 《리더의 아침수업》 인세 전액은 소외받는 이웃을 위한 KMA큰마음 어린이 도서관 건립에 활용됩니다. 또한 '사랑의 연탄 나눔 운동본부'와 함께 도서 1권당 연탄 1개를 기부하는 나눔 기금으로 전해질 예정입니다.

매일 아침 출근길을 《리더의 아침수업》과 함께 시작해 보는 것은 어떨까요? 머리에는 새로운 생각을, 가슴에는 따뜻한 사랑을 느끼게 해줄 열두 가지 이야기는 '성장'에 목마른 당신에게 시원한 오아시스가 되어 드릴 것입니다. 그리고 지금 바라보고 있는 리더의 모습처럼, 여러분도 누군가가 꿈꾸는 진정한 리더가 되시길 소망합니다.

KMA한국능률협회 대표이사
최권석

PROLOGUE · 4

PART 01 발견 리더는 어떻게 트렌드를 주도하는가

〈응답하라〉시리즈의 성공 비결,
통념을 파괴하라!　·12
이명한 CJ E&M국장

배달의민족,
우아한 버킷리스트를 세우다　·30
김봉진 우아한형제들 대표

꾸뻬 씨의 행복 수업,
세상을 다시 보다　·50
프랑수아 를로르 작가

천만 영화감독의 시선,
'영화는 인문학'이다　·68
이준익 영화감독

PART 02 성장　리더는 어떻게 성공의 열쇠를 쥐는가

인간의 본성을 근거로 한
설득과 협상의 비밀　　　　· 88
　　　　　　　표창원 국회의원

성공의 문을 여는 열쇠,
사람이 답이다!　　　　· 106
　　　　　　　이형우 마이다스아이티 대표

세계적인 우버 신드롬,
시장의 맥락을 읽어라　　　　· 124
　　　　　　　강경훈 우버코리아 지사장

글로벌 한류 열풍의 비밀,
기본이 되는 핵심에 집중하라　· 140
　　　　　　　최성준 YG엔터테인먼트 운영총괄책임자

PART 03 혁신 **리더는 어떻게 뛰어난 전략가가 되는가**

당신은 어떤 리더인가?
이끌지 말고 따르게 하라 · 158

김경일 아주대학교 교수

영혼의 능력을 발휘할
경영 시스템을 구축하라 · 178

최동석 최동석인사조직연구소 소장

디자인 혁신 전략!
기본 프레임을 뒤집어라 · 192

에린조 파슨스디자인스쿨 교수

혼돈의 트랜스 시대,
변화의 주도권을 쥐어라 · 212

장대련 연세대학교 교수

01

일반적으로 사람들은 트렌드를 따라가며 살지만, 예외적으로 트렌드를 주도하는 사람들이 있다. 문화예술 분야에서 특히 트렌드를 주도하는 모습들이 두드러지게 나타난다. 영화와 드라마라는 창작 분야에서 새로운 트렌드를 만들어가는 최고봉에 선 리더들, 뛰어난 창의성과 과감함을 갖고 스타트업의 최고봉에서 새로운 트렌드를 대중들에게 전파하는 리더, 행복에 대해 새로운 깨우침을 전하는 리더, 그들의 이야기를 들어본다.

발견

리더는
어떻게 트렌드를
주도하는가

이명한   김봉진   프랑수아   이준익
를로르

이
명
한

CJ E&M 국장

2015년, 대한민국 남녀노소 모두 복고 열풍에 휩싸이게 했던 드라마 〈응답하라1988〉은 1,000억 원의 경제 효과를 창출하며 콘텐츠 한류의 열풍을 만들어 냈다.

그는 1995년 KBS 22기 공채 프로듀서로 입사해 〈1박2일〉, 〈스타골든벨〉, 〈해피선데이〉 등을 인기 방송으로 자리매김하게 했다. 이후 2011년 CJ E&M으로 이적, 나영석 PD와 신원호PD 둘 사이를 오가며 〈응답하라〉, 〈꽃보다00〉, 〈삼시세끼〉 시리즈를 제작 총괄했다. KBS 시절 친하게 지내던 이 두 명의PD들은 이명한의 부름에 차례로 이적한 이후 tvN채널은 그야말로 '대박'을 터뜨리게 되었다. tvN채널 성공의 혁혁한 공신 이명한 국장의 성공 비결을 들어보고 그가 제시한 집단 지성으로 대중을 움직이는 콘텐츠 기획 전략은 무엇인지 살펴보자.

〈응답하라〉시리즈의 성공 비결,
통념을 파괴하라!

◆ ◇ ◆

2015년 11월부터 2016년 1월까지, 10대부터 50대까지 전 세대를 사로잡으며 대중문화계에 복고 열풍을 만들어 낸 드라마 〈응답하라1988〉은 창조적 콘텐츠의 경제적 효과를 입증했다. 드라마 수출, 음반 산업, 소비재 산업까지 콘텐츠의 파급력은 문화 산업을 넘어 경제 산업 전반적으로 영향력을 미치며 새로운 가치를 창출하고 있다. 이러한 콘텐츠 성공의 중심에는 예능 전문 제작진이 도입한 집단 창작이 있었다. 기존 드라마 제작과 전혀 다른 방식으로 창조된 콘텐츠가 대한민국의 감성을 흔든 것이다. 콘텐츠가 기업의 미래와 가능성을 제시하는 시대적 흐름 속에서 기업은 어떻게 문화를 창조할 수 있을까.

연출진보다 출연진이 재미있다

인생을 살다보면 누구에게나 기적 같은 일들이 일어난다. 20년 동안 PD 생활을 하며 만난 첫 번째 기적은 2008년에 만들었던 리얼리티 예능 프로그램인 〈1박2일〉이다. 최고 전성기 때 시청률이 48%까지 올랐는데, 그야말로 기적 같은 시청률이 발생한 것이다.

사실 예능 장르는 학문과 비교해 보면 경영학과 닮은 장르이다. 전통적인 학문이라 할 수 있는 철학이나 경제학은 클래식하고 정통적인 데 반해, 경영학은 굉장히 실용적이고 트렌드에 민감한 부분이 많다.

또한 예능 장르는 다큐, 시사 등 각 장르의 특징을 차용해서 활용하는 장르로서 시대별 트렌드에 따라 많은 변화가 있다. 최근에는 리얼리티 프로그램이 가장 뜨거운 트렌드로 2006년 〈무한도전〉, 〈1박2일〉이 그 포문을 열었다고 볼 수 있다.

〈1박2일〉 아이디어의 출발점은 '연출진보다 출연진이 더 재미있다'는 가정 아래 시작되었다. 출연자들에게 프로그램을 맡겨보자는 의미였다. 그 당시 이런 취지는 상당히 파격적인 것이었다.

'프로그램의 꽃은 PD'라는 것이 일반적인 정설이다. 프로그램의 재단과 설계를 사전에 PD와 제작진이 밤샘 회의를 통해 대본을 짜고 이를 출연진에게 전달하는 방식으로 진행되기 때문이다. PD들은 자신의 머릿속에 있는 생각들을 출연진에게 전달하고 강제하는 것이 기존 프로그램을 진행하는 방식이었다.

하지만 예능 프로그램은 본질 자체가 웃음과 재미이기 때문에 그 부분에 있어서는 PD들보다 연예인들이 더 탁월하고 뛰어나다. 이렇게 재능 있는 사람이 있음에도 불구하고 PD가 모든 것을 관장하고 컨트롤해야 한다는 것은 오류인 것이다.

이러한 패러다임을 바꾼 것이 바로 리얼리티 프로그램이다. 제작진은 큰 틀만 만들어 놓고 출연자들이 마음 놓고 뛰어놀 수 있도록 만들어 주었다. 본질적으로 PD가 앞에서 일하느냐, 뒤에서 일하느냐의 차이다.

〈1박2일〉은 무전여행을 해보자는 아이디어만 가지고 출발했다. 그러다 보니 예전 같으면 편집됐을 부분이 프로그램의 중요 장면으로 등장하기 시작했다. 무인 거치 카메라를 통한 차 안 이동 장면, 텐트 취침 장면 등이 예전에는 연출자가 관장할 수 없는 부분이기 때문에 당연히 편집됐던 부분인데, 그 고정관념에서 벗어나 PD가 관여하지 않는 그들만의 세상을 만들어 줬고 그런 부분이 오히려 시청자들에게 신선하게 다가갔다.

핵심은 연출자에서 출연자 중심으로의 패러다임 변화이다. 예전의 프로그램들이 'PD 중심의 촘촘한 설계도'였다면 이제는 '출연자 중심의 백지'라고 볼 수 있다. 출연자들도 더 이상 수동적인 존재가 아닌 프로그램을 실질적으로 주도해 가면서 콘텐츠를 기획, 생산해내는 주체로 발전하고 있다.

〈1박2일〉 방송 후 분 단위 시청률 통계를 분석해보니 제작진이 빠진 상황에서 진행한 순간 시청률이 오히려 더 높게 나왔다. 예능은 다른 어떤 요소들보다 시청자들이 좋아하느냐, 안 좋아하느냐가 중요하기 때문에 그것이 리얼 버라이어티의 핵심 코드가 되었다.

〈1박2일〉을 '김밥'이라고 표현하면 '갖가지 속재료들'은 출연자, '김과 밥'은 연출진이라고 할 수 있다. 실제로 김밥의 진정한 맛을 내는 부분은 속재료들이다.

갖가지 재료를 싸고 있는 김과 밥을 기존의 프로그램이라고 하면 김밥 몸체는 균일한데 '꽁다리'는 예측이 안 된다는 차이점이 있다. 때에 따라서 이쪽 꽁다리에는 계란이 많고, 저쪽에는 당근이 많기 때문이다.

이러한 김밥의 속재료처럼 실제로 예능 제작에 있어 시청자들이 재미있게 생각하는 부분이 어디인가에 대한 판단이 완전히 달라졌다. 기존 예능 제작 방식에 사로잡힌 PD와 마찬가지로 경영자는 자신이 모든 것을 관장하고 챙기려고 하고 있지는 않은지 반성해야 한다. 패러다임은 이미 진화했다. 혹시 자신이 바로 예측불가한 꽁다리의 가능성을 막고 있는 리더는 아닌지 반문해봐야 한다. 리얼 버라이어티의 핵심은 연출자 중심에서 출연자 중심으로의 패러다임 변화이다. 예전 프로그램들이 'PD 중심의 촘촘한 설계도'였다면 이제는 '출연자 중심의 백지'라고 할 수 있다. 출연자들도 더 이상 수동적인 존재가 아닌 프로그램을 실질적으로 주도해 가면서 콘텐

시청자들이 재미있게 생각하는 부분이
어디인가에 대한 판단이 완전히 달라졌다.
패러다임은 이미 변화했다.
혹시 자신이 바로 예측불가한 꽁다리의
가능성을 막고 있는 리더는 아닌지
반문해봐야 한다.

츠를 기획, 생산해 내는 주체로 발전하고 있다.

〈1박2일〉에서는 출연자들이 '신입PD 몰래 카메라 사건'을 만들 만큼 PD를 속이는 단계까지 발전했다. 덕분에 콘텐츠가 더욱 풍부해질 수 있었다.

'창의' 는 전혀 새로운 것이 아니다

'창의성'이란 무엇일까. 사전적인 의미를 살펴보면 새로운 생각이나 의견을 생각해 내는 특성이다. 창의성은 전혀 상상할 수 없던 완전히 새로운 것일까. 사실 '새로움'을 논할 때 머릿속에 가장 먼저 드는 생각은 '이 세상에서 아무도 본 적 없는, 전혀 새로운 어떤 것'이다. 정말 과연 그런 것일까.

전 세계에서 가장 사랑 받는 콘텐츠 중 하나는 바로 비틀즈의 명곡 '예스터데이Yesterday'이다. 이렇게 엄청난 콘텐츠를 만드는 데 얼마나 많은 수고를 했을까. 그러나 정작 이 노래의 탄생 배경을 보면 약간 허무하기까지 하다. 그 배경은 다음과 같다.

"어느날 호텔에서 잠을 자다 꿈을 꾸었다. 꿈속에서 어떤 현악 앙상블을 듣게 됐는데 그 아름다운 선율이 너무나 생생해서 잠에서 깨어난 후에도 멜로디가 머릿속에서 사라지지 않았다. 그래서 침대 옆에 놓여 있던 피아노로 방금 전 꿈에서 들었던 선율을 연주했다. 이렇게 '예스터데이'가 탄생하게 되었다."

결국 창의는
'발견'이나 '통찰'의 또 다른 표현일 뿐이다.
콘텐츠를 어떻게 재가공하고 발견하고
포장하느냐가 중요하다.
'무엇을 할 것인가'보다는 그 무언가를
'어떻게 할 것인가'가 더 중요하다.

한 기자가 비틀즈에게 이 곡을 어떻게 만들었냐고 물었을 때 비틀즈는 위와 같이 배경을 설명하며 "나도 이 곡을 어떻게 만들었는지 얼떨떨할 따름이다"라고 답했다고 한다. 이는 우리가 기대한 아주 새로운 것이 전혀 아니라는 것이다. 비틀즈 같은 천재 음악가도 완전한 창조는 불가능하다. 누구나 천재를 꿈꾸지만 현실은 그렇지 않기 때문이다.

결국 창의는 '발견'이나 '통찰'의 또 다른 표현일 뿐이다. 콘텐츠를 어떻게 재가공하고 발견하고 포장하느냐가 중요하다. '무엇을 할 것인가'보다는 그 무언가를 '어떻게 할 것인가'가 더 중요하다.

주기율표를 보면 모든 생물이나 물체가 100여 가지의 원소로 귀결됨을 알 수 있다. 어떻게 융합되고 화학적으로 결합되느냐에 따라 달라지는 것이다. 세상 천지에 듣지도 보지도 못한 새로운 것은 존재할 수 없다. 이 세상의 수많은 노래들도 결국 분해해 보면 '도레미파솔라시'가 다르게 조합되면서 다양한 멜로디를 만들어 낸 것이다. 중요한 것은 눈에 보이는 흔하게 여겨지는 것을 차용해도 '콘텍스트context'라는 큰 맥락에 따라 얼마든지 바꿀 수 있다는 점이다.

〈1박2일〉에서 시청자들의 큰 사랑을 받았던 '복불복' 역시 사실은 전혀 새로운 장치가 아니었다. 기존 예능 프로그램에서도 많이 사용했던 '랜덤 뽑기'라는 평범한 텍스트에 '절박함'이라는 콘텍스트를 넣은 것이다. 걸리면 밥을 굶고 야외 취침을 해야 하기에 '나만 아니면 돼'라는 절박함이 시청자들에게는 새롭게 느껴진 것이다.

대중들에게 많은 사랑을 받았던 모바일 게임 '애니팡'도 구조적으로 분석해 보면 게임 자체가 새롭진 않지만 단순한 게임 원리 이외에 '경쟁'이라는 요소가 있었기에 사랑을 받을 수 있었다. 복불복이나 애니팡 모두 기존의 평범한 아이템에 새로운 포장이 더해져서 또 다른 창의성이 만들어진 사례이다.

'블랙 스완'에 의해 세상은 지배된다

이 세상의 모든 백조는 흰색일까. 이 화두는 적어도 북반구 사람들에게 있어서는 상식이고 진실이었다. 1770년 제임스 쿡_{James Cook} 선장이 신대륙 오스트레일리아에서 검은 백조를 발견하기 전까지 말이다. 그들이 아는 지식은 거기까지였던 것이다. 존 스튜어트 밀_{John Stuart Mill}은 "과거의 경험에만 의존한 현재의 상식이 한순간에 송두리째 붕괴될 수 있다"는 철학적 경고를 했다. 즉 '블랙 스완'은 '고정관념을 깨는 예기치 못한 사건, 인물, 아이디어'라는 것이다.

"극히 예외적이고 알려지지도 않았고 가장 가능성 없어 보였던 블랙 스완에 의해 세상은 지배된다"라고 말한 유명 사상가 나심 탈레브_{Nassim Nicholas Taleb}는 매일 반복적으로 돌아가는 익숙해진 일상은 세상을 유지할 수 있을 뿐 세상을 지배하지 못한다고 말했다. 언제나 세상을 흔들고 지배하는 것은 전혀 본 적 없고 예상하지 못한 '블랙 스완'이라는 것이다.

익숙해진 일상은 세상을 유지할 뿐
지배하지 못한다.

세상을 흔들고 지배하는 것은
전혀 본 적 없고 예상하지 못한
'블랙 스완'이다.

두 번째 기적과 같이 찾아온 〈응답하라〉시리즈의 성공도 기존 드라마 PD나 작가들이 볼 때는 '블랙 스완'과 같은 존재였다. 드라마를 전혀 경험한 적 없던 예능 출신 제작진이 기존의 드라마 형식을 파괴했는데 결과적으로 많은 인기를 얻었기 때문이다.

〈응답하라1997〉의 제작진 구성은 이명한 CP, 신원호 PD, 이우정 작가로, 모두 드라마를 한 번도 제작해 본 적이 없는 예능 출신이었다. 사실 KBS에서 CJ E&M으로 이직을 하고 이제 새로운 예능 프로그램을 할 게 없다는 답답함을 느끼던 상황이었다.

그때 제작진에게 드라마를 해 보지 않겠냐는 화두를 던졌다. 드라마 제작은 처음이기 때문에 못해도 괜찮을 것 같았고, 편한 마음으로 접근을 했다. 단 하나의 희미한 가능성은 드라마든 예능이든 기본적으로 스토리텔링이 중요하다는 점이었다. 기본적인 구조는 크게 다르지 않을 것이라 생각했다.

결과적으로 룰을 몰랐고 선수가 아니었기 때문에 기존 드라마 제작 방식의 고정관념에서 자유로울 수 있었고 파격적인 방식으로 진행을 할 수 있었다.

드라마는 보통 굵직한 사건이 있고 파생되는 작은 이야기들로 살이 붙는 구조이다. 그 힘으로 1회부터 최종회까지 간다. 그런데 〈응답하라〉시리즈는 매 회마다 에피소드와 주제가 있고 그 안에서 스토리텔링이 마무리되는 구조로 진행되었다.

대신에 예능 PD로 항상 추구했던 물음표를 많이 쓰려고 노력했다. 〈응답하라〉 시리즈의 1회부터 최종회까지를 관통하는 물음표는 바로 등장 인물들의 '남편이 누구일까' 하는 것이었다. 굵직한 스토리라인이라는 드라마의 룰을 깬 격이다. 매주 60분 안에 완결을 지어야 하는 예능 전체를 관통하는 물음표 전략이 시청자들에게 신선하게 다가갔던 것이다.

또 기존 드라마와 큰 차이점은 스토리 자체에 천착해서 집중하는 대신 '메이킹'에 신경을 썼다는 점이다. 스토리 외의 요소들에 차별점을 둔 것이다. '사투리, 팬덤 문화, 1990년대 복고', 이 세 가지가 바로 큰 메이킹 포인트였다.

사람들은 사투리에 정감을 느끼고 웃음 포인트를 갖고 있다. 그래서 본격적으로 사투리 드라마를 해 보자고 했다. 기존 드라마 작가라면 생각할 수 없는 부분이다. 왜냐하면 스토리에만 집착하기 때문이다.

기존 드라마에서는 주인공이 어떤 이야기를 하느냐가 중요하지만 예능에서는 출연진이 어떤 캐릭터를 가지는지에 더 큰 관심을 갖는다. 그리고 연예인을 좋아하는, 소위 말해 '빠순이' 문화를 드라마에 차용했다. 그리고 제작진이 94학번이었기 때문에 1990년대 문화를 스토리 안으로 끌어들이고자 했다. 이 세 가지 코드를 드라마의 기본 축으로 가져갔기 때문에 기존 드라마와 다른 형식이었고, 시청자들이 새로움과 신선함을 느낄 수 있었다.

한편 〈응답하라〉 제작진은 '토탈 사커Total Soccer'와 같은 예능 제작

한 발짝만 옆으로 가면
기존에 가지고 있는 역량들이
블랙 스완처럼 굉장히
다르게 보일 가능성이 있다.

과감하게 시야를 넓히는 것이 중요하다.

시스템이다. 보통의 드라마는 작가 한 사람이 몇 달간 작업을 해서 1인의 산물로 대본을 내놓지만, 〈응답하라〉 제작은 공동 작업의 산물로서 수많은 디테일을 스토리 안에 넣으려고 노력했다.

삼천포가 신촌역에서 헤매는 장면이나 1990년대 초 유행했던 브랜드 등 수많은 에피소드, 소품 하나하나는 작가 한 사람의 머릿속에서 나온 것이 아니다. CP부터 조연출까지, 왕 작가에서 막내 작가까지 다 같이 모여서 나온 아이디어의 집합체이다. 축구에 비유하면 '전원 공격, 전원 수비' 시스템인 것이다.

이것이 바로 〈응답하라〉시리즈 제작 형태의 핵심이다. 기존 예능에서 하던 대로 했을 뿐이지만 기존 드라마에 존재하지 않았던 제작 방식이었고 이것이 드라마의 블랙 스완이 될 수 있었던 비결이었다.

많은 사람들이 혁신과 변화를 논하지만 실제로 혁신은 어떻게 이루어지는가. 개인적으로도 처음부터 15년 동안 예능을 하다 새로운 곳에서 예능을 다시 하려고 하니 막막했다. 그러나 한 발짝만 옆으로 가면 기존에 가지고 있는 역량들이 블랙 스완처럼 굉장히 다르게 보일 수 있는 가능성이 있다. 이런 지점에 도달할 때에 기존의 것을 고수하려 하기보다는 과감하게 시야를 넓히는 것이 중요하다. 기존 영역에서는 대중에게 익숙한 노하우나 기술들이 영역을 조금만 옮겨도 그것 자체가 엄청난 블랙 스완과 같은 효과를 일으킬 수 있는 가능성이 있다.

결국 창조적 능력이나 개성 있는 통찰력은 문제의 본질이 무엇인지 명확하게 파악할 수 있는 직관을 통해 남들과 다르고 새롭게 정의하는 능력이라고 할 수 있다. 우리가 갖고 싶어 하는 창의성과 통찰력은 본질을 더 깊이, 더 명확하게 파악하고 방향성을 가지는 데에서부터 기초한다. 바로 그 지점에서 또 다른 무언가가 나올 수 있는 가능성이 있다.

우리는 지금 어떤 패러다임 안에 살고 있는가

사람들은 어떤 콘텐츠에 열광할까? 최근 인기 있는 콘텐츠를 만드는 데 도움이 될 만한 화두 몇 가지를 알아보자. 첫 번째는 '객관 vs. 주관'이다. 콘텐츠 영역에서는 이제 객관성의 시대가 가고 주관성의 시대가 도래했다. 예전에는 객관적이고 일반 사람들에게 통용되는 것이 덕목이었는데 이제는 주관적인 생각들에 관심이 많다. 이제 사람들은 콘텐츠의 스펙트럼이 좁다 할지라도 깊이 있는 콘텐츠를 찾는다. 일례로 스페인 여행을 갈 때 예전에는 《스페인 여행 분석》이라는 제목의 책을 구입했다면, 이제는 《스페인, 너는 자유다》(손미나 저, 웅진지식하우스) 식의 제목에 더 관심을 갖는다. 이제는 어떤 한 개인의 주관적인 시각이 담겨 있는 가공된 콘텐츠가 더 큰 관심을 받는 것이다.

두 번째는 '거시 vs. 미시'이다. 사람들은 이제 디테일한 것에 열광

한다. 그 안에 녹아 있는 디테일에 더 관심을 갖는다. 세 번째는 '신비와 권위 vs. 친근'이다. 예전에는 연예인들이 신비주의 전략을 썼다. 그런데 지금 연예인들이 신비주의를 가지면 대중들에게 금방 잊힌다. 리더도 마찬가지다. 팀원들은 친근한 리더를 좋아한다.

네 번째는 '이성 vs. 감성'이다. 이제 마케팅, 경영도 감성을 중요시한다. 소비자의 정서적인 부분에 호소하는 활동들이 더 트렌디한 전략이다.

마지막으로 '기능 vs. 이미지, 스토리'이다. 이제 제품 광고를 할 때 기능보다는 그 제품이 가지고 있는 이미지, 스토리를 어떤 식으로 소비자와 연결하느냐가 중요하다.

자, 이제 진정한 성장과 창의를 향한 도전은 여러분에게 달려 있다. 여러분은 어떤 선택을 할 것인가? 변화가 필요한 지점에서 그저 변화 없이 기존의 룰에 따르며 갈 것인가, 아니면 기존의 룰을 깨고 블랙 스완처럼 파격적인 변화를 시도할 것인가?

» 기존의 방식을 고수하지 말고 파격적인 새로움을 추구하라.

» 시대에 맞는 패러다임으로 스스로를 변화시켜라.

» 이 세상에서 아무도 본 적 없는 전혀 새로운 것은 존재하지 않는다.

» 창의는 발견이나 통찰의 또 다른 표현일 뿐이다. 콘텐츠의 재가공이 중요하다.

» 알려지지 않고 가능성 없어 보이던 블랙 스완이 세상을 지배한다.

» 창조적 능력이나 개성적인 통찰력으로 남들과 다른 가능성을 시도한다.

» 지극히 개인적인 시각이 담겨 있는 콘텐츠에 큰 관심을 갖는다.

» 사람들은 디테일한 것에 열광하며 소비자는 감성에 의해 더욱 움직인다.

» 제품 광고는 그 제품이 가진 이미지와 스토리를 어떻게 소비자와 연결할 것인지가 중요하다.

김
봉
진

우아한형제들 대표

기술력이나 자금의 부족, 미숙한 경영 전략 등으로 수많은 스타트업(신생 벤처 기업)들이 문을 닫는다. 혁신적인 제품이나 서비스를 개발하고 성공하는 게 그만큼 힘들다는 뜻이기도 하다. 이런 가운데 월 거래금액 1,000억 원 이상, 연간으로 환산하면 1조 원 시장을 이끄는 스타트업이 있다. 바로 '배달의민족' 애플리케이션을 개발한 '우아한형제들'이다. 기존의 전단지 시장을 스마트폰에 담은 획기적 발상 외에도 우아한형제들은 높은 개발력과 독특한 사내문화로 끊임없는 혁신을 이어 가고 있다. NHN과 네오위즈, 이모션 등에서 실력 있는 디자이너로 활약하다 퇴사 후 야심차게 시작한 첫 번째 사업을 실패, 하지만 실패를 성장의 동력으로 사용해서 두번째 창업한 곳이 바로 우아한형제들이다. '경영하는 디자이너' 김봉진 대표이사가 제시한 디자인 경영을 통해 배달의민족이 창조경제 시대를 선도할 수 있는 성공 전략은 무엇인지 살펴보자.

배달의민족,
우아한 버킷리스트를 세우다

◆ ◆ ◆

　'배달의민족' 애플리케이션이 출시 이틀 만에 앱스토어 1위를 기록하는 기염을 토했다. 하지만 화려한 데뷔와 달리 그 시작이 결코 쉽지는 않았다. 2010년 무자본으로 창업하기까지 6개월이 걸렸고 다섯 명의 제작자가 모일 만한 변변한 사무실도 없었다. 각자 본업을 갖고 있으면서 직접 애플리케이션을 개발하자니 따로 모일 변변찮은 사무실도 없어서 스카이프와 네이트온 같은 온라인 메신저 등을 통해 소통하거나 카페에 모여 회의하고 개발을 진행했다. 애플리케이션을 만들고 1년 후쯤 사업화하기로 하고 뛰어들었는데, 월급을 받을 수 있는 상황이 아니었다. 하지만 데이터베이스 확장 개념으로 전단지를 모으며 열심히 발로 뛰었다. 그렇게 혼신의 힘을 다해 노력을 쏟고 몰두한 결과 배달의민족이 탄생할 수 있었고 성공할 수 있었다.

큰 계획의 밑그림을 그리기 위해서는 배달 음식에 대해 정의할 필요가 있었다. 정의를 내리는 것은 단순한 설명 이상으로 다음 단계에 대한 가이드라인을 제공하기 때문이다.

정의는 어떤 소비자를 타깃으로 삼아야 하는지를 명료하게 보여 준다. 샴푸 시장을 예로 들어보자. 샴푸 시장 전체에서 1위가 불가능하다면 후발 주자는 어떻게 시장에 진입해야 할까. 모든 소비자를 공략하는 대신 타깃의 범위를 한 단위씩 줄여 가며 '1등 할 수 있는 시장'을 정해야 한다.

이를테면 샴푸 시장을 '비듬 샴푸 시장', '청소년 비듬 샴푸 시장', '남자 고등학생 비듬 샴푸 시장'으로 단위를 좁혀 가는 것이다. 작더라도 한 집단을 공략하는 것이 중요하다. 한 시장에서 1등이 된 후에는 비슷한 소비자 집단에도 브랜드의 영역을 확장할 수 있다.

개인차는 있었지만 대부분은 배달 음식에 대해 스포츠 경기를 볼 때, 야근 또는 철야를 할 때 '친구나 동료와 시켜 먹는 음식'이라는 공통분모를 갖고 있었다. 이로써 '사랑하는 사람들과 나누는 행복한 시간'이라는 정의를 내릴 수 있었다.

정의를 고려할 때 조직에서 배달 음식을 주문하는 사람은 회사나 조직의 '막내'였다. 공략해야 할 타깃에 따라 그에 맞는 방향도 설정했다. 배달의민족은 막내들이 속한 연령대(20대), 그들이 좋아하는

1위가 불가능한 후발 주자는
모든 소비자를 공략하는 대신
타깃의 범위를 줄여 가며
'1등 할 수 있는 시장'을 정해야 한다.

문화(홍대 문화, 키치 문화, B급 문화)등을 브랜드 안에 담아냈다.

조금 더 구체적으로는 배달 음식을 시키는 중간 경험에 키치함과 즐거움을 공유했다. 사람으로 치면 손석희 아나운서보다는 개그맨 박명수 같은 사람에게 배달을 주문하는 것이 더 재미있을 것 같다는 생각에서였다.

시장의 판도를 뒤집은 선순환 플랫폼

하지만 배달의민족은 외식업 관련 빅데이터를 보유한 다른 후발 주자의 추격을 받을 위험이 컸다. 배달 주문 애플리케이션은 외식업체에 대한 데이터베이스가 성패에 결정적인 영향을 주기 때문이다.

경쟁력을 확보하기 위해서는 외식 업체에 대한 충분한 데이터베이스가 필요했다. 그래서 전단지가 가장 많이 버려지는 아파트, 오피스텔, 고물상, 길거리 등에서 전단지를 직접 수집해 유효한 데이터를 채웠다.

데이터 수집은 전단지 시장을 대체할 새로운 플랫폼을 구축하는 데 활용됐다. 기존의 전단지 순환 구조에서는 배달업체와 소비자 사이의 소통이 불가능했다. 전단지에는 배달업체가 보여주고 싶은 모습과 내용만 들어 있다. 광고 시간 또한 배달업체가 원하는 대로 정하게 된다. 그래서 소비자는 시간을 가리지 않고 집 앞에 강제로 날아드는 전단지를 버려 버리기 때문에 정작 필요한 순간에는 이를 활용하기 힘들다.

새로운 플랫폼은 지금까지 전단지가 순환하던 방향을 반대로 바꾸었다. 배달업체는 소비자에게 좋은 정보를 제공하고 소비자는 애플리케이션을 통해 필요할 때만 정보를 활용할 수 있게 되었다.

창업자와 직원의 비전을 공유하는 인터널 마케팅

어떤 회사가 좋은 회사일까. 기본적으로 최고의 제품과 서비스로 고객을 만족시킬 수 있어야 할 것이다. 하지만 이는 어디까지나 회사의 관점이다. 고객을 만족시키기 위해 직원의 무리한 희생을 강요하는 회사는 결코 오래갈 수 없다. 고객뿐 아니라 직원의 만족도 고려해야 한다. 우아한형제들은 고객을 만족시키기 위해 직원을 먼저 만족시키는 '인터널 마케팅Internal Marketing'을 지향해 왔다.

인터널 마케팅의 첫 번째 사례는 '버킷리스트' 프로그램이다. 버킷리스트는 '3년 후에 어떤 회사가 되면 좋겠냐'라는 질문에 대한 대답으로 만들었다. 단순히 직원을 만족시키는 좋은 회사라는 모호한 개념 대신 구체적인 목표를 수렴하기 위해서였다. 이런 점에서 버킷리스트는 창업자와 직원이 각자 가진 비전의 폭을 줄이기 위한 새로운 시도였다.

수많은 요구사항 가운데 '금발의 미녀와 회사를 함께 다니고 싶다', '유명 강사의 강연을 듣고 싶다', '가족들이 자랑스러워하는 회

버킷리스트가
직원에게 심어 준
동기부여의 가치는
비교할 수 없을 만큼 값졌다.

" "
Bucket List
Program

사를 만들고 싶다' 등 30개의 대답이 버킷리스트로 선정됐다. 이를 바탕으로 총 3년 동안 버킷리스트의 목표를 달성할 때마다 항목을 지워갔고, 30개 목표 가운데 약 70%를 실행할 수 있었다.

70%라는 수치가 부족하게 느껴질 수 있다. 하지만 버킷리스트는 회사와 직원 모두가 동의할 수 있는 좋은 회사의 절충점을 구성원의 의지로 만들어 간다는 점에서 의미가 있다. 버킷리스트가 직원에게 심어 준 동기부여의 가치는 비교할 수 없을 만큼 값졌다.

회사의 위치 또한 회사 직원들을 만족시키는 인터널 마케팅과 무관하지 않다. 우아한형제들은 롯데월드와 석촌호수가 보이는 바로 맞은편에 둥지를 틀었다. 직원들은 출퇴근 시간이나 점심시간에 밖에 나가서, 때로 상황이 여의치 않을 때는 회사 안에서도 좋은 경관을 감상할 수 있다.

롯데월드가 내다보이는 창문에는 피터팬 실루엣과 함께 '우리도 날 수 있어!'라는 카피가 붙어 있다. 우아한형제들은 창문 너머 풍경을 그들만의 '네버랜드'로 정의했다. 직원들이 보는 것은 단순히 좋은 환경이 아니라 창의적인 생각과 아이디어를 자극하는 원천이라 생각하기 때문이다.

직원의 능력을 이끌어내는 것은 아이의 창의성을 키우는 방법과 다르지 않다. 우아한형제들이 자부하는 뛰어난 개발력의 원천은 이를 발굴하기 위해 노력하는 우아한 맹모孟母들 덕분이다.

직원에게 항상 같은 사무실, 같은 파티션, 똑같은 책, 경직된 환경

톰 켈리는 리더란
"회의에서 직급에 상관없이 자유로운 의견이
나올 수 있도록 유도하는 역할"이라 했다.
당연한 말이지만 현실적으로는
가장 간과하게 되는 부분이기도 하다.

을 보여주면서 창의력과 통찰력을 요구하는 것은 어디까지나 한계가 있다. 한 카드사 사장이 "직원들이 창밖의 무엇을 보고 말하는가도 중요한 문제이다"라고 말했던 것과 같은 맥락이다.

인터널 마케팅은 회의 문화에서도 찾을 수 있다. 세계 최고의 디자인 컨설팅업체 아이디오IDEO의 창업자 톰 켈리Tom Kelley는 리더에 대해 "회의에서 직급에 상관없이 자유로운 의견이 나올 수 있도록 유도하는 역할"이라 정의 내린바 있다. 당연한 말이지만 현실적으로는 가장 간과하게 되는 부분이기도 하다.

대표이사가 말을 마치고 나가면 전무가 대표이사의 말을 해석하고, 전무가 나가면 이사가 전무의 말을 해석한다. 직급에 따른 다양한 해석이 꼬리를 물고 내려오면 실무 담당자들이 매우 곤혹스러워진다. 여러 사람의 같은 듯 다른 해석이 처음 목표를 곡해하기 때문에 결과물이 번복되기 마련이다.

권위나 서열을 확인하기 위한 자리가 아니라면 새로운 아이디어를 위해 권위를 내려놓는 자세가 필요하다. 더불어 오해의 소지가 있는 부분을 미리 줄여나가는 것은 업무 생산성을 높이는 손쉬운 방법이다.

우아한 카피, 우아한 대화

'배달의민족'이라는 이름으로 시작했을 때부터 언어유희는 우아한형제들에게 가장 중요한 가치 중 하나였다. 이에 우아한형제들은 언어유희적인 한글 카피를 직원과의 소통에도 활용해 왔다. 짧지만 힘주어 쓴 단어 속에서 우아한형제들이 추구하는 소통 방식과 독특한 사내 문화를 엿볼 수 있다.

'9시 1분은 9시가 아니다'

우아한형제들에는 비슷한 규모의 다른 IT 회사들과는 다른 기업 문화가 있다. '지각 출근 빼고 뭐든 허용된다'는 말이 있을 만큼 우아한형제들은 출근 시간을 중요하게 생각한다. 물론 자유로운 사내 문화가 창의성을 발휘하는 데 중요하다는 점은 인정한다. 하지만 동시에, 우아한형제들은 기본적인 규율을 엄격하게 지키는 풍토 위에서라야 자유도 바르게 접붙일 수 있음을 강조한다.

'인사를 받고 싶다면 먼저 인사하자'

사람이 많으면 갈등이야 피할 수 없는 문제이지만, 때로는 사소한 감정의 골이 업무에 영향을 주기도 한다. 대표적인 사례가 인사에 관한 문제이다. 기존 임원은 새로운 사람에게 인사를 받고 싶어 하지만 상대방의 입장에서는 그 필요성을 못 느낄 때도 있기 때문이다. 문제는 사소한 감정 때문에 업무 생산성이 저해되는 점이다. 인사 문제로 다투기 전에 미리 규칙을 정하는 것이 바람직한 이유가 바로 여기에 있다.

고객을 만족시키기 위해
직원의 무리한 희생을 강요하는 회사는
결코 오래갈 수 없다.
고객뿐 아니라 직원의 만족도 고려해야 한다.

우아한형제들은 인사에 계급을 따지지 않기로 정했다. '먼저 본 사람이 인사하자' 주의다. 새로 온 사람은 상대방이 누군지 모를 수 있으니 가급적이면 더 오래 일한 사람이 먼저 인사하기를 권장하는 편이다. 덕분에 기존 직원과 새로운 직원이 관계의 물꼬를 트기 쉬워진다는 긍정적인 면모는 덤으로 따라온다.

'나도 누군가에게 회사다'

직원의 행실이 회사의 이미지에 큰 영향을 준다는 사실은 꼭 밖에서만 적용되진 않는다. 회사 안에서도 직원 개개인은 회사를 대표한다. 회사를 다니면서 상대방의 기분을 좋거나 화나게 만드는 등 가장 영향을 주는 사람은 옆에 있는 구성원이기 때문이다.

회사라는 넓은 세계 안에서 직원이 매일 마주하는 것은 '팀'이라는 작은 공동체. "회사에서 안 좋은 일이 있었다", "회사에서 칭찬받았다" 등의 말을 자연스럽게 쓰는 것도 마찬가지다. 우아한형제들이 추구하는 '행복한 시간'을 위해서는 부서 공동체도 노력해야 한다. 내가 옆에 있는 직원을 회사로 생각하듯 상대방도 나를 회사로 생각할 수 있다.

'우아한 모의고사'

회사나 창업자만큼 회사의 비전에 관심을 갖고 있는 직원은 많지 않다. 고로 회사가 가진 목표를 직원에게도 심어주기란 언제나 어려운 일이다. 다만 같은 내용이라도 쉽고 재치 있게 전달한다면 더 많은 사람이 쉽게 이해할 수 있을 것이다.

우아한형제들은 '우아한 모의고사'를 통해 회사의 특징과 핵심적인 가치를 효과적으로 전달하고 있다. 우아한 모의고사는 한쪽 벽을 시험 문제로 빼곡히 채우고 있지만 문제가 결코 어렵거나 심오하지 않다.

가령 '배달의민족 서비스 주요 3대 과제가 아닌 것은?'이라는 질문이 나왔을때 '업소 정보, 업소 리뷰, 시스템 안정성, 시스템 해킹'이란 후보군 가운데 마지막 '시스템 해킹'을 고르는 방식이다.

우아한 모의고사는 구성원들과 회사만의 독특한 커뮤니케이션 방식을 잘 보여준다. 더불어 회사를 방문한 외부인에게 회사에 대한 개략적인 설명과 주요 가치를 설명하는 지침서가 되기도 한다.

'재미있는 감성으로 자신만의 이야기를 하라'

흰 바탕에 무뚝뚝한 글씨 몇 자, 처음 봤을 때는 '이게 다인가' 생각하며 무심코 고개를 돌리지만 0.5초 뒤에 허를 찔려 다시 보게 되는 것이 배달의민족 광고이다.

언뜻 애플의 포스터와 비슷하지만 절대 애플처럼 도도하거나 고상하지는 않다. 오히려 저속하지만 끌리는 하위문화를 표현할 때 쓰는 '키치Kitsch하다'가 적절한 표현 같다. 스스로 B급 광고를 자처하지만 결코 저렴해 보이지 않는다. 그들의 목표는 세련된(혹은 클래식

좋은 경험은 기업이 내세울 수 있는
최고의 경쟁력이다.

한) 브랜드와 반대로 '젊고 키치한 영역에서 독보적인 브랜드로 자리 잡는 것'이다.

배달의민족은 브랜드를 디자인하기 위한 두 가지 브랜드 가이드를 정립했다. 바로 '풋!(작은 웃음을 유발하기)'과 '아~(감탄을 유도하기)'이다. 지면 광고는 배달의민족이 지향하는 바를 분명히 보여준다. 구독자에게 광고를 가장 효과적으로 전달할 수 있도록 잡지마다 다른 카피를 넣은 포스터를 실은 것이다.

가령 여성지에는 "경희야 넌 먹을 때가 젤 이뻐"라는 카피를, 2030 싱글들이 메인 타깃인 전용 잡지에는 '닭다리도 짝이 있는데….'를 실었다. 또 패션지에는 '가을신상 버건디 컬러 양념치킨', 국회 전문지에는 '다 먹고 살자고 하는 짓이다', 경제 주간지에는 '주식 오르면 뭐하겠노 치킨 사묵겠지'라는 식의 구독자별로 차별화된 광고 카피를 사용했다.

차별화된 카피는 잡지를 넘어 인터넷에서 회자되며 입소문 효과를 냈는데, 특히 여성중앙 잡지의 카피는 다른 기업이 패러디를 만들어 냄으로써 더 큰 광고 효과를 얻게 되었다.

폰트와 포스터를 활용한 바이럴 마케팅Viral Marketing도 돋보인다. 배달의민족은 고유 폰트 '한나체'를 개발해 무료 배포함으로써 기업의 인지도를 높이고자 했다. 하지만 다른 기업의 폰트 마케팅과 한 가지 다른 점이 있었다. 폰트 안에 회사만의 독창적인 메시지를 담는 것이었다.

이를테면 '씻고 자자', '엄마가 하지 말라는 짓은 하지 말자', '건강하게만 자라겠습니다', '낮말은 새가 듣고 밤 말은 쥐가 듣는데 내 말은 아무도 안 들어줘' 등의 문구를 포스터로 제작했다. 반응은 기대 이상이었다. 포스터는 상품으로 판매되었고, 각기 다른 곳에서 새로운 바이럴 효과를 만들어 냈다.

감성을 주는 자가 미래를 지배한다

어떤 사람에게 치즈를 판다고 가정해 보자. 혹자는 치즈의 맛, 향 등 훌륭한 품질을 증명할 정보를 전달함으로 상대방을 설득할 것이다. 하지만 반대로 그 치즈를 먹을 때 얼마나 행복하고 즐거운지 설명해 줄 수도 있다. 어느 방법이 더 설득력 있는가. 두 방법 모두 유효하지만 후자는 훌륭한 결과를 보장한다는 점에서 더 직관적이고 매력적이다.

우아한형제들은 배달의민족 애플리케이션을 출시함으로써 전단지 시장의 패러다임을 바꾼 '퍼스트 무버First mover'이다. 하지만 더 주목할 부분은 기술을 빠르게 따라가는 패스트 팔로어Fast follower를 제치고 45개월 연속 1위를 지켜왔다는 점이다.

외식업체에 대한 데이터가 가장 중요한 배달 애플리케이션 시장에서 자본력을 가진 글로벌 기업이 시장을 장악할 수도 있었다. 배달의민족이 치열한 경쟁 속에서 살아남은 것은 우리들만이 제공할

새로운 시장에서의 경쟁력은
좋은 경험을 줄 수 있느냐에 달려 있다.

수 있는 독특한 감성, 즉 '경험'이 있었기 때문이다. 배달의민족 광고를 경험할 때 수많은 막내들이 공감하며 즐거워했고, 이는 애플리케이션에 대한 경험과 점유율로 이어졌다.

배달의민족이 보여준 성공 사례는 비단 스타트업뿐 아니라 새로운 분야를 개척하려는 기존의 기업에게도 시사하는 바가 크다. 좋은 경험은 기업이 내세울 수 있는 최고의 경쟁력이다. 최고의 경험은 고객이 기업을 떠나는 현상을 막을 수 있다. 좋은 경험은 하루 이틀 만에 베낄 수 없기 때문이다. 새로운 시장에서의 새로운 경쟁력은 경험에 달려 있다.

» 좋은 회사는 고객을 만족시키기 위해 직원들을 먼저 만족시키는 '인터널 마케팅'을 지향하라.

» 단순한 좋은 환경이 아니라 창의적 생각과 아이디어를 자극하는 회사 환경을 조성하라.

» 직원들에게 회사의 특징과 비전, 핵심 가치를 효과적으로 전달하고 공유하라.

» 리더는 회의에서 직급에 상관없이 자유롭게 의견을 나눌 수 있도록 해야 한다.

» '좋은 경험'은 기업이 내세울 수 있는 최고의 경쟁력이다.

» 모든 소비자를 공략하는 대신 타깃의 범위를 한 단위씩 줄여 가며 '1등 할 수 있는 시장'을 정해야 한다.

» 시장의 패러다임을 바꿀 만한 파격을 시도하라.

정 신 과   의 사 가   소 개 하 는   행 복 의   비 밀

/

프 랑 수 아 를 로 르

/ 정신과 의사, 작가

사람들은 행복해지기 위해 끊임없이 노력하지만 진정으로 자신이 행복하다고
느끼는 사람은 많지 않다. 만약 행복이 무엇이고 어디에 있는지 알 수 있다면,
한걸음 더 가까이 갈 수 있지 않을까. 프랑스를 대표하는 정신과 전문의이며 심
리치료사, 《꾸뻬 씨의 행복 여행》을 저술한 작가 프랑수아 를로르는 이 책의 내
용을 바탕으로 진정한 행복이란 어떤 것인지 알려준다. 파리에 거주하고 있는
중년의 정신과 의사 꾸뻬 씨는 성공한 삶을 살고 있지만 인생에 대한 심각한 회
의를 느낀다. 그는 정말 행복하게 사는 것이 무엇인지 궁금증을 갖고 진료실 문
을 잠시 닫는다. 그리고 세계 곳곳을 방문해서 다양한 사람들이 어떻게 행복을
누리는지 어떨때 불행하다 생각하는지 알아보며 행복의 비밀을 깨닫게 된다.
꾸뻬 씨가 찾은 행복의 비밀이 무엇인지, 행복의 정의와 지속적으로 행복하기
위한 방법에 대해 함께 알아보자.

꾸뻬 씨의 행복 수업,
세상을 다시 보다

◆ ◆ ◆

행복이라는 주제가 사람들의 입에 오르내리기 시작한 것은 꽤 오래전부터다. 기원전 그리스 철학자들은 행복에 대해 깊은 관심을 보이며 다양한 정의를 내렸다. 고대 철학자들은 덕이 있는 삶을 행복한 삶이라고 생각했다. 물론 모든 철학가들이 그렇게 생각했던 것은 아니며, 다양한 관점과 주장들이 논의됐다.

이와 같이 기원전 600년경부터 시작된 행복에 대한 고찰은 1960년대에 이르기까지 대부분 철학적으로 이루어졌다. 그리고 1960년대에 접어들면서 철학자뿐 아니라 심리학자들도 행복한 삶에 관심을 갖게 됐다. 과학심리학적으로 접근하게 된 것이다. 이러한 관심은 지금까지도 계속해서 이어지고 있다.

2000년 이후에는 행복에 대해 다른 관점으로 접근하는 사람들도 생겼다. 바로 경제학자들이다. 그들은 경제성장이 국민의 행복에 미치는 영향에 대해, 근로 환경과 행복의 상관관계에 대해 연구하기 시작했다.

행복을 어떻게 측정할 수 있는가

행복은 추상적인 개념이므로 정량적으로 정의내리기 어렵다. 그러나 심리학자들은 행복을 정의하기 위해 많은 노력을 기울였으며, 다음과 같이 행복을 측정하기 위한 세 가지 질문을 제시했다.

첫 번째 삶의 만족도를 측정하는 질문은 '삶에 대해 대체적으로 만족하는가?'이다. '이상적인 삶을 10점이라고 점수 매긴다면 자신의 삶은 몇 점인가?'와 같은 의미의 질문이겠다. 두 번째 질문은 조금 더 직접적이다. '자신이 진심으로 행복하다고 생각하는가?'인데, 아마 대부분의 사람들은 '어느 정도, 전혀, 상당히' 등의 답을 내놓을 것이다. 세 번째는 행복에 관여하는 여러 가지 요소들에 대한 질문이다. 즉 '안전한 국가에 살고 있는가', '바람직한 사회보장 제도를 갖고 있는가', '주변에 녹색 환경이 많은가', '급여가 충분한가', '직업 선택의 자유가 있는가' 등이다.

행복은 주변 환경에서 오는 것

행복은 어디에서 오는가. 이 질문을 두 가지 가설로 나누어 생각해 본다. 하나는 주변 환경이 행복의 필요조건과 비슷하기 때문에 행복하다고 느낀다는 '상향식 가설'이고, 다른 하나는 사람이라면 누구나 행복해지려고 하는 선천적 기질을 갖고 있기 때문에 행복을

'행복'은
자신이 좋아하는 일을
하는 것이다.

느낀다는 '하향식 가설'이다.

우선, 환경과 관련된 상향식 가설에 대해 살펴보자. 특히 회사에서 매니저라는 직책을 맡고 있다면 조금 더 집중해서 고민해야 할 부분이다. 쉽게 설명하기 위해 소설《꾸뻬 씨의 행복여행》중 행복에 관한 몇 가지 배움을 예로 들어 보자. 꾸뻬 씨는 "행복은 자신이 좋아하는 일을 하는 것"이라고 했다. 사실 우리 삶에서 일은 매우 중요한 위치를 차지한다.

한국과 프랑스 근로자의 1년 근로 시간을 비교했을 때 한국이 프랑스보다 25% 이상 많다고 하니, 한국에서는 더욱 더 중요한 부분일 것이다. 또 꾸뻬 씨는 행복에 대해 '집과 정원을 갖는 것', '파티를 여는 것'이라는 깨달음도 얻었다. 그리스 철학자 중 에피쿠로스는 "축제와 파티가 없는 삶이란, 여관이 없는 여행길과 같다"고 했다. 프랑스인은 이 말에 세계 최강으로 공감할 것이다.

그리고 꾸뻬 씨에게 "태양과 바다는 사람들에게 행복을 가져다 준다"는 배움도 있었는데 이것은 대부분의 사람들이 태양과 바다에 대해 동일한 접근성을 갖기에 상대적으로 평등하게 느끼며, 그로 인해 행복을 느낀다는 의미이다. 이와 같이 상향식 가설에 따르면 주변 환경과 행복은 밀접하게 연관되어 있으며 사람들은 다양한 주변 요소들로 인해 행복을 느낀다는 것이다.

행복은 세상을 보는 방식에 달려 있다

다음으로 '하향식 가설'을 살펴보자. 꾸뻬 씨는 스님을 만나러 가면서 "행복은 사물을 바라보는 방법에 달려 있다"는 중요한 배움 하나를 얻는다. 그리스의 스토아학파 철학자들은 행복의 조건을 우리 주변의 사물이나 환경이 아닌, 그에 대한 생각과 연관이 깊다고 보았다.

꾸뻬 씨는 또한 "행복은 살아있음을 온전히 느끼는 것"이라는 배움도 얻었는데, 명상이나 자신에 대해 반추하는 시간을 가질 때 충만함을 느끼는 것이 이에 해당된다. 다시 말해 이 가설은 주변 환경보다 자신이 세상을 보는 방식에 따라 행복을 느끼는 정도가 다르다는 내용이다. 이 두 가설 외에 인성과 기질에 따라 근로 환경에서 만족도를 느끼는 정도가 다르다는 주장도 있다. 그러나 이 주장은 바람직하지 않다. 이 말이 맞을 경우 근로 조건을 전혀 개선할 필요가 없기 때문이다. 또한 행복은 체중이나 혈압처럼 어떤 원인에 의해 변했다가 곧 일정 수준으로 되돌아온다는 '세트 포인트Set Point'이론도 있다. 특히 이 수준은 유년기에 어떤 생활을 했는가에 달려 있으며, 상황이 어떻든 일정한 행복 수준을 유지하려는 경향이 있다. 일부는 맞지만, 완전히 옳은 이론이라고는 할 수 없다.

비교는 행복을 망치는 지름길

우리는 사회적 개체이다. 그러다 보니 타인과의 비교는 불가피하며 대상도 다양하다. 주위의 친구, 동료, 가족, 이웃, 심지어 자기 자신조차 비교 대상이 된다. 실험에 따르면 사람뿐 아니라 동물들도 다른 동물과 자신을 비교한다고 하니 비교하는 행동은 본능적, 선천적이라고 할 수 있다.

그런데 자신을 누군가와 비교할 경우 경쟁심과 공격성이라는 두 가지 욕망이 함께 작용한다. 예를 들어 이웃이 고가의 좋은 차를 산 것을 보면 '나도 저렇게 멋진 차를 사고 싶다'는 경쟁심과 '저렇게 비싼 차를 사다니 저 사람은 너무 어리석다'는 공격성이 나타나는 것이다. 이와 같이 비교는 경쟁심과 적대감을 불러일으키며, 이 두 가지 마음은 우리가 행복을 느끼는 데 도움이 되지 않는다. 또한 사람들은 '나는 10년 전보다 더 잘 살고 있나', '앞으로는 지금보다 더 나은 삶을 살 수 있을까', '나는 충분히 이러이러한 것을 누릴 수 있었는데…'라고 생각하며 스스로를 과거, 현재, 미래의 자신과 비교한다. 이와 같이 자기 자신, 다른 사람, 다른 환경 등과 비교하는 것은 삶의 만족도에 큰 영향을 미친다.

지금까지 말한 사항들을 기업에 적용해 보자. 우선 회사는 직원들이 자신의 경력을 계속해서 발전시킬 수 있다고 믿게 만들어야 한다. 이것은 매우 중요하면서도 당연한 요소이다. 왜냐하면 직업

자신을 누군가와 비교할 경우
경쟁심과 공격성이라는
두 가지 욕망이 함께 작용한다.

에서의 만족도는 현재뿐 아니라 미래의 행복까지 포함하고 있기 때문이다.

또한 직원들은 회사에서 정의감과 공평함을 느낄 때 일에 대한 만족도가 크다고 생각하므로, 임원들은 정의롭고 공평한 작업 환경을 조성하고 직원들에게 미래에 대해 긍정적인 기대를 가질 수 있도록 해야 한다. 그러면 모두가 행복하게, 더 생산적으로 일할 수 있을 것이다.

경제적 관점에서의 행복

사실 돈은 행복의 중요한 요소 중 하나이다. 꾸뻬 씨의 배움 중에도 "많은 사람들이 더 부자가 되거나 더 중요한 사람이 되는 것으로 행복을 정의한다"는 내용이 있다. 전 세계적으로 봤을 때도 가난한 나라보다는 국민소득이 높은 나라의 행복 지수가 평균적으로 높은 편이다.

이것은 개인적인 소득뿐 아니라 사회보장, 치안, 의료, 환경 등 행복감을 높여 줄 수 있는 여러 가지 요소들이 복합적으로 적용됐기 때문이다. 그렇다고 해서 삶의 만족도와 소득이 단순 비례 관계인 것만은 아니다.

1974년 미국의 경제사학자인 리처드 이스털린Richard Easterlin은 '이스털린의 역설'이라는 이론을 발표했다. 이것은 소득이 어느 정도

소득이 어느 정도 수준에 다다르면
그 후 소득이 증가해도
그에 따라 행복의 크기가
더 커지지는 않는다.

소득이 행복과 직결되는 것은
아니라는 의미이다.

수준에 다다르면 그 후 소득이 증가해도 그에 따라 행복의 크기가 더 커지지는 않는다는 이론이다. 즉 소득이 행복과 직결되는 것은 아니라는 의미이다.

예를 들어 관중석이 꽉 찬 야구장에서 야구 경기를 본다고 생각해 보자. 앞에 있던 사람이 더 잘 보기 위해 일어나면 뒤에 있던 사람도 일어나게 되고, 하나둘 일어나다 보면 결국 모든 사람이 다 일어나게 된다. 이 경우 처음에 혼자 일어났던 사람의 만족도는 낮아진다. 이처럼 모든 사람이 행복해지면 상대적인 행복감은 늘어나지 않는다.

또한 2000년 일인당 국민소득과 주관적 행복 지수의 관계에 대해 연구한 결과에 따르면 한국이나 프랑스, 과거 공산권에 있었던 국가들처럼 경제적인 수준에 비해 행복하지 않은 나라가 있는 반면, 국민소득은 낮지만 사람들은 행복하다고 느끼는 과테말라, 콜롬비아, 멕시코 등의 남아메리카 국가들도 있다.

이와 같이 소득은 행복과 관련된 요소이기는 하지만 비교와 마찬가지로 소득 역시 행복을 이루는 완전한 조건이 아니라는 것을 알 수 있다. 소득과 행복의 관계가 단순한 정비례 관계일 수 없는 것은 다음과 같은 세 가지 이유 때문이다.

첫째, 사회적 비교 때문이다. 사람들은 급여가 오르거나 복권에 당첨되면 일시적으로 행복감을 느낀다. 승진했을 때도 마찬가지다. 그러나 오래지 않아 자신보다 더 많이 가진 사람들, 더 성공한 사람들과 비교하면서 행복감을 잃게 된다. 둘째, 쾌락적 적응이 있다. 좋은 아파트로 이사하거나 좋은 차를 구입해도 처음의 행복이 오래 가지 않을 수 있다. 자신이 가진 것에 익숙해지면서 나보다 더 좋은 곳에 사는 사람, 더 좋은 차를 타는 사람을 금방 발견하게 되기 때문이다.

셋째, 본능적 기질과도 관련이 있다. 환경적 요소뿐 아니라 개인의 성격 자체도 행복을 구성하는 데 영향을 미치므로 행복을 느끼는 데 개인차가 발생할 수밖에 없다.

지금까지 소득과 행복의 관계에 대해 알아봤는데, 행복을 위해서는 돈을 버는 것도 중요하지만 어떻게 쓰는가도 중요하다. 사람들은 소득이 생기면 사고 싶었던 명품을 구입해야 할지, 좋은 곳으로 여행을 가야 할지, 저금을 해야 할지 등에 대해 고민하게 된다.

사실 새로운 스마트폰이나 가방을 사면 그 당시에는 기분이 매우 좋지만 일정 시간이 지나면 그 효과가 감소한다. 그러나 멋진 여행의 경우에는 여행을 다녀와서도 그 추억에 대한 행복이 쉽게 줄어들지 않는다. 경험을 돌이켜 봤을 때 물건을 구입하는 것보다는 여행을 가거나 여러 가지 체험, 취미 생활을 위해 돈을 쓸 때 삶이 더 행복해지고 만족도가 오래 지속되는 것 같다.

행복을 유지하는 방법

21세기에 들어서면서 우리는 행복, 만족, 웰빙에 대해 더 많은 관

하지만 행복을 일에서만
찾을 수 있는 것은 아니다.
감각적, 쾌락적 즐거움도 있고
스스로의 선택에 의해
자유 행동을 할 때 오는 기쁨도 있다.

심을 갖게 됐다. 또한 행복이 학술 분야로 편입되면서 지금도 많은 학자들이 연구를 진행하고 있다. 여기서는 그 연구내용 중 '행복을 지속적으로 유지하는 방법은 무엇인가'에 대해 알아본다.

첫째, 주변 사람들과 좋은 관계를 유지하는 것이다. 꾸뻬씨도 사랑하는 사람들과 함께 있고, 다른 사람들과 좋은 관계를 맺으며, 스스로를 다른 사람에게 필요한 사람이라고 생각할 때 행복할 수 있다는 배움을 얻었다. 사람들은 좋아하는 사람과 일할 때 협력 관계가 강화되어 좋은 성과를 낸다. 그러므로 회사의 부서장들은 업무 성과를 높이기 위해 팀원 간 좋은 관계가 형성될 수 있도록 노력할 필요가 있다.

둘째, 자신을 통제하고 자유를 느끼는 것이다. 즉 자신이 원하는 일을 선택할 수 있고 어느 정도 작업을 통제할 수 있으며, 자신이 하는 일에서 사람들에게 인정받고 자신을 있는 그대로 받아들여 사랑하는 것이 업무 환경에서 행복을 지속하는 중요한 요소이다.

셋째, 사물을 긍정적으로 바라보는 것이다. 꾸뻬 씨가 배운 교훈 20번째인 "행복은 세상을 보는 방법에 달려 있다"에 해당되는 부분이다. 기업에서 실시되는 카운슬링이나 코칭도 결국 사물의 긍정적인 면을 볼 수 있도록 도와주는 것이며 스트레스 관리도 마찬가지다. 사람들은 스트레스가 클 때 대부분의 일을 부정적, 적대적으로 보는 경향이 있다. 따라서 기업의 리더들은 문제가 되는 상황을 제대로 파악해야 하며 스트레스 요인들을 관리할 수 있어야 한다. 마

행복한 삶을 계속 누리고 싶다면
다양한 행복이 있음을 기억하고
힘든 상황에서도 평온한 마음을 갖도록
노력해야 한다.

지막으로, 건강을 지키는 것이다. 이것은 행복을 유지하는 데 있어서 가장 중요한 요소이다. 열정적으로 삶에 임하며 행복을 누리기 위해서는 건강과 관련된 문제가 우선적으로 해결되어야 한다. 따라서 기업에서는 구성원의 건강을 지속적으로 관리하며 업무로 인해 건강이 나빠지지 않도록 해야 한다. 프랑스의 경우 많은 기업들이 금연 프로그램을 운영하고 있으며 규칙적인 운동을 적극 권장하고 있다.

지금까지 행복과 관련된 다양한 요소와 지속 방법 등에 대해 살펴봤다. 결론적으로 대부분의 사람들은 어쩔 수 없이 경쟁해야 하는 환경에 노출돼 있기 때문에 일을 하면서 행복을 찾는 것은 중요한 일이다. 하지만 행복을 일에서만 찾을 수 있는 것은 아니다. 감각적, 쾌락적 즐거움도 있고 스스로의 선택에 의해 자유행동을 할 때 오는 기쁨도 있다. 또한 사랑하는 가족에게서 얻는 행복도 있으며 내면의 평정심을 유지할 때 오는 행복도 있다.

행복한 삶을 계속해서 영위하고 싶다면 이와 같이 주변에 다양한 종류의 행복이 있다는 것, 다른 삶의 기쁨이 있다는 것을 기억하고 힘든 상황에서도 평온한 마음을 갖기 위해 노력해야 한다.

※ 본 글은 프랑수아 를로르 작가의 강연을 통역한 내용으로 쓰였습니다.

» 행복은 어디에서 오는가? 꾸뻬 씨는 "행복은 자신이 좋아하는 일을 하는 것"이라고 했다.

» 상향식 가설에 따르면 주변 환경과 행복은 밀접하게 연관되어 있으며 사람들은 다양한 주변 요소들로 인해 행복을 느낀다.

» 그리스의 스토아학파 철학자들은 행복의 조건을 우리 주변의 사물이나 환경이 아닌, 그에 대한 생각과 연관이 깊다고 보았다.

» 자신을 누군가와 비교할 경우 경쟁심과 공격성이라는 두 가지 욕망이 함께 작용한다. 이와 같이 비교는 경쟁심과 적대감을 불러일으키며, 이 두 가지 마음은 우리가 행복을 느끼는 데 도움이 되지 않는다.

» 소득이 어느 정도 수준에 다다르면 그 후 소득이 증가해도 그에 따라 행복의 크기가 더 커지지는 않는다. 즉 소득이 행복과 직결되는 것은 아니라는 의미이다.

» 행복을 지속적으로 유지하는 방법은 주변 사람들과 좋은 관계를 맺으며 그들에게 필요한 사람이라고 스스로 여겨지게 하는 것이다. 그리고 자신을 통제하고 자유를 느끼는 것이며 마지막으로는 사물을 긍정적으로 바라보는 것이다.

이
준
익

영화감독

2016년 4월 이준익 감독은 영화 〈동주〉를 통해 아시아 국가가 제국주의 시절 겪어온 식민지 지식인의 고뇌를 현대화시키고 세계 평화의 중요성을 부각한 공로를 인정받아 아시아기자협회가 주관하는 '2016년 자랑스러운 아시아인'에 선정되었다. 풍자 사극으로 사극 영화의 새로운 면모를 보여주고자 하기도 했던 그는 2005년 영화 〈왕의 남자〉로 천만 명 이상의 기록적인 관객 수를 남겨 '천만 영화감독'으로 자리매김했다. 현재 씨네월드 대표를 맡고 있으며 한국영화의 역사를 새롭게 써나가고 있다. 이준익 감독으로부터 관객을 사로잡은 성공 비결을 들어보고, 인문학의 시각으로 영화를 이야기해 보자.

천만 영화감독의 시선, '영화는 인문학'이다

◆ ◆ ◆

영화 〈동주〉 개봉 이후 한 언론사의 인터뷰에서 영화에 담긴 '열 등감'이라는 키워드를 화두삼아 나의 내면에도 그러한 감정이 크게 자리 잡고 있다고 한 적이 있다. 실은 이러한 심리는 모든 창작물을 만드는 사람의 무의식적 고백이라고도 할 수 있는데, 이런 보편적 감정인 열등감을 기반으로 주인공을 얼마든지 다른 방식으로 그릴 수 있음을 보여준 것이다. 영화 〈동주〉는 다양한 해석이 가능한 작 품이지만, 윤동주 시인의 내면을 모두가 공감할 만한 시대적 열등 감으로 설명하는 과정 안에서 표현해냈다고도 할 수 있겠다.

2016년 2월 개봉한 영화 〈동주〉의 시작은 오래 전으로 거슬러 올 라간다. 영화 제작자 시절 2000년도에 개봉한 한국 독립 운동에 대 한 영화 〈아나키스트〉를 찍을 때였다. 일제 식민지 시대 상해를 배 경으로 펼쳐진 액션 누아르 영화였는데, 영화를 준비하면서 필요 한 자료들을 무수하게 찾아보게 되었다. 그때 많은 자료를 찾아보 며 공부하다가 윤동주를 발견하게 되었던 것이다. 1923년부터 일제

시나리오가 가진 인문학적 토대와
현실에서 관객과 소통하기 위해 필요한
과학적이고 기술적인 요소들,
이 모든 것들이 총체적으로 영화를
이루고 있다.

식민지 중기를 거쳐 후기에 이르는 동안 가해자인 일본의 부도덕한 사례들을 확인하면서, 피해자와 가해자가 합리적인 뒷수습을 하지 못한 채 현재에 이른 것이 화가 났다. 이런 역사적 아픔을 살피던 중 과연 방향을 어떻게 잡아야 하는가, 어떤 통찰을 해야 하는가 질문하다가 윤동주가 떠올랐다.

안중근은 이토 히로부미를 암살한 인물로, 한국과 일본 양국이 그를 대하는 시각에 현격한 차이가 있다. 한국에선 독립운동가로, 일본에선 암살자로 인식의 괴리가 크다. 반면 윤동주는 일본에 가도 기념비가 남아 있는데다, 조국의 어두운 현실과 개인의 고통스런 상황을 아름다운 시로 승화시킨 점에서 그의 삶엔 국가와 민족을 뛰어넘는 세계적인 가치가 깃들어 있음을 느꼈다. 또한 그가 가졌던 양심에도 매력을 느꼈다. 그래서 한국인이 가장 사랑한 시인인 윤동주와 독립투사 송몽규를 주인공으로, 일제강점기 조국의 암담한 현실을 이성적이고 객관적으로 보여주는 영화를 찍고 싶었다. 영화 〈동주〉에서도 이런 의도를 다분히 보이고 싶어서 공을 많이 들였다. 일반적으로 우리나라 사람들은 일본을 지나치게 감정적으로 평가하는 습성이 있다. 그러나 이성적으로 차분하게 시대의 암담함을 증명하고 객관적 이야기들로 일제강점기를 보여주는 것이 필요하다 생각했다.

영화는 '인문학'과 '과학'의 집합체이다.
한 시대를 쓰기 위해서는
문학적, 철학적, 역사적인 토대 없이는
시나리오 작업이 불가능하다.

영화는 인문학과 과학의 집합체

　오랜 시간 영화감독을 하면서 느낀 영화에 대한 속성은 다음과 같다. 영화가 인문학과 과학의 집합체라는 것이다. 한 시대를 시나리오에 담아내기 위해서는 문학적, 철학적, 역사적인 토대가 필요하다. 그리고 시나리오는 작가가 쓰지만 영화로 구현되기 위해서는 감독과 같이 만드는 과정이 필요하기에, 단순한 글쓰기가 아닌 많은 사람들을 조직적으로 움직이게 하는 역할을 담은 것이다. 또한 촬영 현장에서 영화를 찍을 때에는 최첨단 기술이 적용된 장비를 사용한다. 광학 기술이 적용된 카메라 렌즈, 정밀한 녹음 장비 등을 사용한다. 극장에서는 첨단 기술이 적용된 음향과 스크린을 갖춘 상태로 영화를 상영한다. 이 모든 것들이 적용된 놀라운 환경 속에서 관객들은 영화를 즐긴다. 이렇게 현장 속에서 작업하다 보면 인문학과 과학을 아울러서 자연스럽게 두 분야의 학문을 공부하게 되는 이점이 있다.

　몇 년 전 '영화는 인문학이다'라는 발언을 한 적이 있다. 단정짓는다면 의미망이 좁아질 수 있지만 강조하고 싶은 뜻은 다음과 같다. 인류의 문명을 풀어내는 방법 중 하나가 문화적 해석이다. 문화 속에는 그야말로 인문학의 본질인 '문사철文史哲', 인문과 역사와 철학이 종합적으로 담겨 있다. 영화 역사가 100년이 넘었는데, 그 100년 동안 영화 안에 인문학이며 우리 삶의 문화, 기술 등이 모두 포함되

미천한 광대가
왕을 꾸짖었다는 것은
믿을 수 없는 일이다.
그러나 최상층과 최하층의
두 인물이 만나는 장면은
영화적 상상력을 자극했다.

PROD.

ROLL	SCENE	TAKE

DIRECTOR:

CAMERA:

DATE:

Day Nite Int Ext Mos
Filter   Sync

어 왔다. 시나리오가 갖고 있는 인문학적인 토대와 현실에서 관객과 소통하기 위해 필요한 과학적이고 기술적인 요소들, 이 모든 것들이 한데 모여 총체적으로 영화를 이루고 있는 것이다.

　사극 영화 최초로 1천만 명 관객 수를 돌파한 영화 〈왕의 남자〉에서도 인문학적 면모를 찾아볼 수 있다. 전체 스토리의 뼈대는 조선시대 16세기에 쓰인 《연산군일기》의 기록에 살을 붙여 영화를 만들게 되었고 '공길'이라는 캐릭터는 이 기록의 한 부분에 의해 영감을 받아 만들어지게 되었다. 조선시대 폐위된 왕에 관한 기록을 편찬하기 위해 임시로 설치한 관청인 '일기청日記廳'에서 기록한 《연산군일기》 내용을 보면 "임금은 임금다워야 하고, 신하는 신하다워야 하고 아비는 아비다워야 하고, 자식은 자식다워야 한다. 임금이 임금답지 않고, 신하가 신하답지 않으니 비록 곡식이 있은들 먹을 수가 있으랴는 말을 했다가 참형을 당했다"라는 내용이 나와 있다. 이 기록을 근거해 되살려진 캐릭터가 공길이라는 광대다. 미천한 신분인 광대가 왕을 꾸짖는 발언을 했다는 것은 믿을 수 없는 일이지만, 최상층과 최하층 신분의 두 인물이 만나는 기회를 가졌다고 짐작하게 만드는 이 문헌은 영화적 상상력을 자극하기에 충분한 소재가 아닐수 없다. 이처럼 역사 문헌에 근거한 영화의 탄생은 인문학적 배경을 토대로 탄생되었다 해도 과언이 아니다. 최근 영화 〈사도〉와 영화 〈동주〉 또한 이런 인문학적인 접근을 통해 만들어졌다 할 수 있겠다.

세계와 통하는 보편적 이야기를 영화로

윤동주는 대한민국에서 가장 사랑받는 시인이지만 한 번도 영화화되거나 TV 드라마로 만들어진 적이 없어 많은 이들이 영화 〈동주〉를 신선하게 생각하는 부분이 있었다. 이에 반해 2015년 9월 개봉한 영화 〈사도〉는 영조와 사도세자 간의 갈등을 담은 내용으로, 사실 너무 많이 알려진 얘기였다. '부자간의 갈등'이라는 주제도 고리타분하게 여길 수 있었다. 하지만 송강호와 유아인이라는 막강한 배우들의 연기를 통해 진부할 수 있었던 이야기가 생명력을 입고 많은 관객들에게 다시금 어필이 되었다.

영화 〈사도〉는 일본에서 2016년 6월 개봉하기 전 4월 일본에서 언론 시사회를 하고 현지 여러 매체와 인터뷰를 했다. 기자들의 질문을 들으니 영화에 대한 이해도가 굉장히 높았다. 한국에서 인터뷰를 할 때보다 더욱 진지하고 깊은 느낌이었다. 일본에서는 영화 〈사도〉의 제목을 〈왕의 운명〉이라고 번역했는데 그렇게 제목을 정한 점도 영화에 대한 높은 이해를 보여주었다고 할 수 있겠다. 어쩌면 우리는 익히 그 이야기를 안다고 생각해서 영화에 뿌려 놓은 몇몇 장치들을 가볍게 흘려버리는 부분이 있지만, 해외에서는 더 세밀하게 영화를 감상하지 않았나 싶다.

또 같은 달 런던한국영화제의 '티저 상영회_{Teaser Screening}' 행사로 영화 〈사도〉를 런던에서 상영했는데 많은 관객들이 이 영화를 '가족

의도된 조롱은
자신의 역사를 갖고 놀 수 있는
자신감에서 비롯되는 것이다.

영화'라고 인식, 가족 관계에 초점을 맞춰서 공감했다. 문화적, 인종적으로 다른 서양인들이 이 영화를 이해하는 모습에 상당히 놀랐다. 사실 한국의 역사가 바탕이 된 이야기지만 '아버지와 아들'과의 갈등구조가 기본 서사이기에 관람객들은 그러한 가족적인 측면으로 영화를 받아들인 것이다. 영화 〈사도〉를 보며 동서고금을 막론하고 동일하게 경험하는 가족관계, 권력관계, 심리와 감정, 중요한 문제 앞에서의 선택과 이유가 느껴진다고 했다. 집단공동체의 삶의 규범은 세계 어디든지 공통되는 부분이 크다. 따라서 한국적 특수성에 집중하기보다 보편적인 관점에서 이야기를 바라본다면, 세계적으로 통용될 수 있고 공감대를 형성할 수 있는 강점이 있다.

풍자, 영화의 웃음이 보여주는 것

영화 〈황산벌〉, 〈왕의 남자〉, 〈평양성〉은 만든 작품들 중에서 역사 3부작으로 불린다. 영화 〈황산벌〉 이전에는 스크린 사극이 큰 반향을 얻지 못했는데 이로 인해 스크린 사극이 유행하는 계기가 됐고, 이후 사극 영화 최초로 천만 관객을 넘은 영화 〈왕의 남자〉가 나왔다. 그리고 영화 〈황산벌〉보다 더욱 진해진 풍자 사극 영화 〈평양성〉이 나오게 된다.

영화 〈황산벌〉을 인문학적인 측면에서 바라보자면 영화를 통해 우리의 역사관을 들여다 볼 수 있다는 점이 있다. 영국에는 코미디의 전설이라 불리는 '몬티 파이튼Monty Python'이라는 집단이 있다. 그들은 1975년 영화 〈성배The Holy Grail〉를 만들었는데, 아서왕King Arthur 신화를 희극적으로 모욕하고 조롱하는 내용이다. 제국주의의 역사를 경험한 영국은 오히려 영화를 통해 자신의 역사 속 인물을 조롱할 자신감을 갖고 있었던 것이다. 미국 역시 자신들의 나라를 가장 비판하고 조롱한 영화는 자국에서 나왔다. 2001년 9월 11일 뉴욕 세계무역센터 테러공격 사건을 다루며 미국 정부를 비판한 마이클 무어 감독의 2004년도 영화 〈화씨 9/11Fahrenheit 9/11〉이 대표적이다. 이처럼 미국, 영국 등에서 만연하는 자국의 역사 비판하기 문화는 국내에선 말도 안 되는 일이다. 대한민국은 우리 역사와 문화를 비판하는 부분에 있어 두려움이 있다. 일본 역시 제국주의를 거쳤기 때문에 일본의 역사와 문화를 조롱하는 영화는 다 일본에서 만들어진다. 의도된 조롱은 자신의 역사를 갖고 놀 수 있는 자신감에서 비롯되는 것이다. 앞서 거론된 영화 〈황산벌〉, 〈왕의 남자〉, 〈평양성〉들도 풍자적인 사극인데, 이를 통해 대한민국 또한 우월한 역사관을 갖고 있다는 확고한 자부심을 영화에 담아냈다고 할 수 있겠다.

창작자의 삶이 담기는 창작물

영화 〈사도〉의 배경음악은 영화 〈라디오스타〉의 배경음악을 맡았던 방준석 음악감독이 담당했는데, 영화 내내 흐르는 격정적이

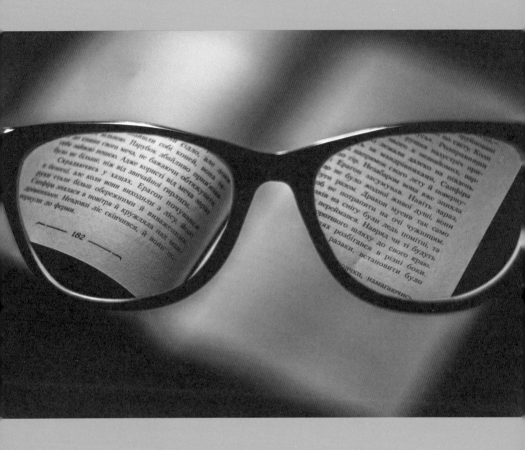

영화는 자기고백에서 출발한다.
내 안의 트라우마에서 비롯한
증오, 분노, 환희 등의 여러 감정들이
내러티브를 통해 드러난다.
이런 고백의 과정을 통해 나는 정화된다.

고 비정한 분위기의 음악이 관객들의 마음을 적셨다. 이처럼 영화
는 감독 혼자만의 작품이 아닌 공동 창작물이라 할 수 있다. 영화음
악을 함께 작업할 때는 그 담당자가 갖고 있는 고유의 의지와 성향
을 충분히 존중해 주면서 작업하고 영화와 음악의 조화가 잘 어우
러져 효과가 극대화되도록 한다. 음악가든 소설가든 시나리오 작가
이든 실제나 허구의 인과관계를 이야기로 엮은 자기만의 내러티브
Narrative 가 있다. 그 내러티브는 읽거나 들어서 아는 게 아닌, 자신의
삶의 경로에서 나오는 것이다. 그 길에는 골짜기도 있고 봉우리도
있고 굴곡도 많이 있다. 삶의 굴곡이 작품 안에서 드러나게 되어 있
는 것이다. 인간의 본성에서 우러나오는 자연적인 감정을 성리학의
철학적 개념으로 '사단칠정四端七情'이라 하는데, 이 감정들이 영화 작
업을 통해 다 나올 수밖에 없는 것이다. 1993년부터 만든 10편이 넘
는 영화에는 삶의 열등감과 수치심과 호승심과 오만함과 오기의 심
리들이 얽혀 있다. 관객들은 이런 복잡한 감정이 담긴 영화에서 등
장하는 인물들의 비극을 보며 우울감 등의 부정적 감정이 해소되고
정화되는 '카타르시스Catharsis'를 경험하게 되는데, 이러한 여정이 작
품에 녹아들어가 있다.

　앞으로도 계속해서 인문학적 시선과 깊이를 담아, 누구나 공감
할만한 보편적 정서를 기반으로 작품들을 만들어갈 것이다. 그래서
우리 민족의 고유한 이야기를 바탕으로 자연스럽게 세계 여러 사람
들과 작품을 통해 소통하고 싶다.

Q 감독님은 주로 사실을 바탕으로 한 영화를 많이 제작하시는데, 사실이라는 바탕이 그려진 도화지 위에 어떤 노하우를 가지고 스토리로 채색하는지 궁금합니다.

A 일본 시사회에서도 받았던 질문이다. 역사 속에 있는 내용을 다룰 때 흔히 기록에 의한 사실을 근거로 하면서 고증을 한다. 학자는 사실을 통해서 진실에 도달하려고 연구하는 반면 창작자는 사실을 토대로 허구를 통해서 진실에 도달한다. 종점은 같다. 하지만 학자가 사실을 진실이라고 믿는다면 그건 의심해볼 필요가 있다. 기록이 다 진실일까? 아마 사실일 것이다. 누군가 보고 겪은 대로 썼으니까. 사실과 진실 사이에는 거리가 있다. 진실은 사실을 포함하지만 사실은 진실을 다 포함하지 않는다.

영화 〈사도〉의 대사 90%가 다 기록에 있다. 귀를 씻는 것, 무엇이 사치고 사치가 아니냐 하는 것 등등 대부분이 그렇다. 거기에 10%의 픽션을 가미한다. 사도세자가 영조의 경희궁 침소까지 가서 칼을 대고 기다리는데 어린 정조인 세손과 이야기하는 부분은 허구적인 장면이다. 어디까지가 사실이냐면 별감대가 여러 차례 칼을 돌고 영조를 죽이러 왔다 갔다 했다는 건 사실이다. 경희궁까지 도달하지 못하고 돌아서는 건 사실인데 영화적인 허구는 경희궁에 좀 더 가까이 가서 자기 아들인 세손과 대화하며 칼을 내리는 장면이다. 사실과 허구의 영화적 차이가 있지만 어느 것이 더 진실에 가까운지는 관객의 몫이다.

Q 영화 〈동주〉에 등장하는 몽규와 같은 친구가 있는지? 몽규는 동주의 사촌이면서 친구였는데, 삶에 있어서 또는 작품을 만드는 과정에 있어서 멘토로 생각하는 인물에 대한 이야기를 듣고 싶습니다.

A 있다. 한두 명이 아니다. 우리는 초·중·고등학교 때 존경하는 인물이 누구냐 하는 질문을 받곤 한다. 대개 세종대왕, 이순신 이런 식이지 않나. 한 번도 본 적 없는 인물인데 무엇 때문에 존경할까? 이상하다. 서른을 넘은 뒤 깨달았고 다짐했다. 현실에서 마주치는 나와 가장 가까운 사람을 존경하자고. 존경하는 인물들은 때로 어머니이고 친구이고 선배이고 후배이다.

그중에서 특히 나와 30년 동안 영화를 했던 타이거픽쳐스 대표 조철현 씨를 존경한다. 아직도 존댓말을 쓸 정도이다. 그는 영화 〈사도〉의 시나리오 작가이기도 하고 제작자이기도 하다. 30년 동안 한 친구와 많은 영화를 기획하고 찍어왔다. 존경에는 항상 장단점이 같이 따라온다. 한 인물의 장점은 사고 단점은 버리겠다 하는 건 고약한 심보이다. 단점도 같이 사야 한다. 단점을 안으면서 먼 길을 가면서 영화 속 이야기 같은 비극을 맞이하면 안 되겠지만, 어쨌거나 현실에서 몽규와 같은 친구가 있다.

Q 감독님의 영화는 모두 사람에 대한 애정을 바탕으로 이야기를 맛깔스럽게 뿌려낸다는 공통점이 있습니다. 사람을 바라보는 따뜻한 시선의 원천이 무엇인지?

A 글쎄, 왜 그런지 모르겠다. '측은지심惻隱之心'이 바탕이 되어 그런 것 같다. 사람들이 안되어 보인다. 자기연민이 많아서 그런 것인지, 나 스스로도 안돼 보인다. 안돼 보이는 면을 소중하게 다루고 싶은 마음이 있다. 나는 사람의 **DNA**를 보려고 한다. DNA가 내 눈 앞에 서기까지 수십만 년 동안 얼마나 많은 사연이 담겨 있을까 하고 생각해 보는 것이다. 상대방이 혼자 와 있는 것이 아니라 그 아버지의 아버지의 아버지로부터 온 것이라고 생각한다. 정현종 시인의 '방문객'이라는 시를 보면 아주 멋진 문장이 있다. '내게 손님이 온다는 것은 그 사람의 인생 전체가 온다'는 것인데, 손님이 온다는 것은 그 사람의 과거와 현재와 미래가 함께 온다는 뜻이다. 나와 강연에 참석한 청중들 또한 이 순간 인생 전체가 와 있는 것 아니겠는가. 여기에 오기까지 과거 수십 년을 계속 이어서 온 것이다. 또 내일은 여기에서 출발하기 때문에 과거·현재·미래가 함께 온 것이라 할 수 있겠다.

Q　감독님의 인생에서 영화를 한 편만 뽑는다면?

A　진짜 어려운 질문이다. 한 500개 되는 것 같다. 문화에는 서열이 없다. 하나를 선택하면 나머지 499개 영화에 매우 미안할 것 같다. 좋은 영화들은 굉장히 많은데 나라별로 보면 좋다. 또 감독별로 보는 것도 좋다. 개인적으로는 스탠리 큐브릭Stanley Kubrick의 영화들을 추천한다. 그의 영화는 정말 창의적인 동력이 된다. 클린튼 이스트우드Clint Eastwood의 영화, 특히 최근작들이 좋다. 미국의 건강한 보수. 공화당의 상징으로서 자기반성을 처절하게 한 2009년 작품 〈그랜 토리노Gran Torino〉는 굉장하다. 이 영화는 미국이 월남전을 저질렀던 것에 대한 자기반성, 미국 백인주의가 '옐로우' 즉 황인종을 보는 시선에 대한 부끄러움을 담았다. 세계사의 전쟁 이야기를 두고 맥락을 읽으면서, 서양의 제국주의와 아시아니즘Asianism과의 간격에 대해 영화라는 창을 통해서 공부하면 책 10권 읽는 것보다 훨씬 낫다. 클린튼 이스트우드의 영화적 선택, 배우와 감독으로서 길을 가던 50년 동안 그의 삶의 궤적을 읽어내면 제대로 된 보수가 무엇인지, 보수의 가치가 무엇인지를 배울 수 있다.

※ 위 내용은 전찬일 영화평론가와 함께 진행했음을 밝힙니다.

02

성장의 요소는 여러 가지가 있다. 큰 기업이 특히 성장하기 위해서는 조직 내에서 직원들을 어떻게 관리하느냐가 성공의 비결이 될 수 있다. 또는 조직 내에서 어떻게 하면 원활한 의사소통을 할 수 있는지, 아니면 효과적인 조직 관리, 설득과 협상, 무엇보다 사람을 중요시하는 경영을 하는 등 성공의 요소는 여러 가지가 될 수 있다. 각 분야의 최고 리더들이 말하는 성공의 열쇠를 쥐는 방법은 무엇인지 알아본다.

성장

리더는 어떻게
성공의 열쇠를 쥐는가

표창원

이형우

강경훈

최성준

표
창
원

국회의원, 전 경찰대 교수

모든 경영자들의 고민 중 하나는 바로 조직 구성원의 돌발 행동을 어디서부터 어떻게 관리할지에 대한 문제일 것이다. 조직 구성원이 보여주는 일련의 비합리적인 행동에 대한 공통점은 없을까. 기업은 개인의 돌발적인 행동에 대해 어떻게 관리해야 할까. 우리 사회의 어두운 상처를 치유하기 위해 보이지 않는 곳에서 많은 활약을 해온 국내 최고의 범죄 심리학자이자 전 경찰대 교수, 현 더불어 민주당 소속으로 활동 중이며 《숨겨진 심리학》, 《정의의 적들》, 《공범들의 도시》, 《한국의 연쇄살인》 등을 집필한 표창원 의원이 제시한 새로운 인사 관리 전략은 무엇인지 들어보자.

인간의 본성을 근거로 한
설득과 협상의 비밀

◆ ◆ ◆

　우리는 우리 자신, 인간 본성에 대해 계속 연구하고 탐구하고 알고 싶어 한다. 어쩌면 인류의 역사가 시작된 때부터 인간에 대한 탐구가 시작되었을 것이다. 지구상에 살아온 짧은 역사 동안 인류는 눈부신 발전을 일궈냈다. 작게는 바이러스부터 크게는 자연재해와 우주까지, 인간의 연구가 미치지 않는 곳은 없다.

　그런데 우리는 아직 '나 자신'에 대해서는 잘 알지 못한다. 평생 '나는 누구인가?'에 대한 질문을 갖고 살아온 철학자도 있듯, 나 자신을 알고 내 앞의 사람을 알기란 참으로 어려운 일이다. 과학이 제 아무리 발전해도 한 길 사람 속을 알기란 여전히 어려운 일인 것이다. 30년을 함께 살아온 아내의 마음도 몰라서 다투는 것이 사람이다.

　기업도 다르지 않다. 착하고 성실한 줄 알았던 직원이 경쟁사의 산업 스파이가 되어 기술을 빼돌리기도 하고, 한 사람의 분노 조절 미숙으로 기업 전체의 이미지와 가치에 큰 타격을 받기도 한다. 기업 총수나 임원의 폭행 사건이 이를 잘 보여준다.

그러나 기업에서는 인간이 예측하기 어려운 주제라고 해서 마냥 손 놓고 있을 수만은 없다. 힘들겠지만 사람에 대한 연구가 이루어져야 기업 내부에서 사람으로 인해 발생하는 또 다른 문제를 막을 수 있다. 이제 기업이 개인의 돌발적인 행동에 대해 어떻게 관리해야 할지 심층적으로 파악해본다.

인간을 지배하는 두 원동력, 쾌감과 분노

인간은 수많은 동기에 의해 움직인다. 하지만 그중에서도 대뇌에 있는 두 가지 요소가 단연 막강한 힘을 발휘한다. 바로 쾌감과 분노이다. 기업에 피해를 주는 돌발 행동은 두 원초적 감정을 조절하는 능력과 연관 지어 생각할 수 있다.

대뇌에 위치한 선조체(자의식에 관여하는 신경조직)는 자극을 받으면 도파민 같은 신경전달물질을 분비한다. 신경전달물질이 신경계를 자극할 때 인간은 충만함이나 전율 등으로 표현되는 '좋은 기분', 즉 쾌감을 느낄 수 있다.

그런데 인간의 쾌감 체계에는 한 가지 원칙이 있다. '주기적으로' 일정한 정도의 쾌락을 느껴야 정상적인 삶을 유지할 수 있다는 점이다. 이는 반대로 쾌감 중추가 주기적으로 자극되지 않았을 때는 금단증상이 일어나 정상적인 삶을 유지하기 힘들어진다.

가족과의 대화나 일에 대한 노력과 성과 등 일상적 활동만으로 자극이 이루어진다면 가장 좋을 것이다. 하지만 회사나 가정에서 충분한 즐거움을 얻지 못하는 사람은 다른 어떤 방식을 써서든 스스로의 쾌감을 만족시키려 몸부림친다.

실제로 인간이 저지르는 잘못 가운데 절반 가까이가 쾌감 때문에 일어난다고 해도 과언이 아니다. 최고의 인기를 구가하는 연예인이 도박과 불륜으로 제 살을 깎아먹고, 전도유망한 검찰 간부가 바바리맨 차림으로 여성을 추행하려다 덜미가 잡히는 경우가 대표적인 사례이다.

선조체Striatum가 쾌감을 관장하는 것과 마찬가지로 대뇌의 전전두엽 아래에는 인간의 분노를 관장하는 섬엽Insula이 존재한다. 섬엽이 자극되면 쾌감과는 반대로 분노, 짜증, 우울 등 견디기 힘들 정도의 기분 나쁜 느낌을 받는다.

다행스럽게도 인간은 훈련 여하에 따라 분노에 대한 조절이 가능하다. 특히나 기업에서 지위가 높을수록 내면의 분노에 대한 조절이 반드시 필요하다.

기업을 대표하는 간부의 행동은 기업 전체의 이미지와 직결된다. 간부가 순간의 분노를 참지 못하면 기업이 그간 피땀 흘려 쌓은 이미지가 한순간에 무너질 수 있는 위험이 따른다.

불평 한마디 없이 일을 잘한다고 해서
아무 문제가 없을 것이라는 생각은
편협하다 할 수 있으며
위험한 발상이다.

인간의 정신적 구조와 무의식

정신의학에서도 개인의 비합리적 행동에 대한 이유를 생각해 볼 수 있다. 프로이트가 제시한 이론에 따르면 인간의 정신은 본능적 욕구인 원초아$_{Id}$와 인간의 도덕관념으로 대표되는 초자아$_{Superego}$가 자아$_{Ego}$에 의해 중재되는 구조로 이루어져 있다.

원초아는 인간이 타고난 원초적인 욕구를 가리킨다. 아무것도 배우지 않은 아기조차도 순수한 존재는 아니다. 오히려 본능에 충실하다. 조금이라도 불편함을 느끼면 불편함을 해결해 줄 때까지 울며 원하는 것을 얻어 낸다. 이는 자신이 원하는 것을 정확하게 알고 태어난다는 뜻이자 욕구를 즉각적으로 표출한다는 뜻이다.

하지만 인간은 본능적인 욕구를 무작정 추구하지는 않는다. 자아가 원초아를 조절하고 있기 때문이다. 예를 들어 아이는 원초아를 통제하는 부모에게서 원하는 것을 얻기 위해 타협을 배운다.

초자아는 인간의 도덕, 윤리적 관념을 가리킨다. 초자아는 자신의 힘으로 어쩌지 못하는 권위에 두려움을 느낄 때 형성된다. 일반적으로 초자아는 아버지에 의해 처음 형성되는데 아이가 성장함에 따라 종교나 다른 사회적 영역으로 확대되는 경향을 보인다.

자아, 원초아, 초자아 이 세 가지가 적절한 균형을 이룰 때 비로소 정상적인 인간이 될 수 있다. 그러나 모순적이게도 사람마다 선천적으로 강하게 발현되는 욕구가 다르기 때문에 이론적으로만 본다면 정상적인 사람이 단 한 명도 없다. 그만큼 적절한 균형은 현실적으로 어려운 것이다.

가령 식욕, 성욕, 수면욕 같은 원초아가 강할 수도 있고 실리를 챙기는 데 특출할 수도 있다. 반면 종교적, 도덕적 원칙에 지나치게 집착하는 사람도 있다. 하지만 특정 부분이 강하게 나타나면 반대로 그만큼 억눌리는 영역도 있기 마련이다. 직원의 돌연한 배신을 비롯해 여러 돌발 행동을 모두 개개인의 결함으로 돌릴 수 없는 이유도 여기에 있다.

겉으로 드러나지는 않지만 억눌린 무의식을 자극하는 것이 개인의 의사결정에 지대한 영향을 준다. 그러므로 불평 한마디 없이 일을 잘한다고 해서 아무 문제가 없을 것이라는 생각은 편협하다 할 수 있으며 위험한 발상이라 할 수 있겠다.

그렇다면 기업은 이러한 문제에 어떻게 대처해야 좋을까. 모든 직원에 대해 일일이 자료수집하는 것은 사실상 불가능에 가깝다. 그렇게 개개인의 특성을 전부 파악하기 보다는 개개인의 억눌린 무의식이 돌발적으로 발현되지 않도록 기업의 시스템적으로, 조직의 분위기적으로 직원들을 적절히 관리하는 것이 중요하다.

가장 좋은 방법은 직원들 서로가 밝은 표정과 행동으로 긍정적인 사내 분위기를 만들도록 노력하는 것이다. 부정적인 무의식을 불필요하게 자극하지 않으면 직원이 돌발적으로 문제를 일으킬 확률을 낮출 수 있기 때문이다.

직원이 돌발적인 사고를 일으킬
확률을 낮추기 위한
가장 좋은 방법은
밝은 표정과 행동으로
긍정적인 사내 분위기를
만드는 것이다.

조직이 '미생未生'을 만든다

돌발 행동은 인간의 심리가 워낙 복잡하고 미묘한 탓도 있지만 조직이 주는 스트레스도 원인이 된다. 기업 간 경쟁은 올림픽이 아니기에 노력 자체에 의의를 두기에는 경제의 도량이 넓지 않다. 더 빠르게 더 뛰어난 성과를 내야 한다는 부담이 경쟁 업체와의 경쟁, 같은 회사 동료와의 경쟁에 불을 붙인다.

복잡한 인간관계도 스트레스와 무관하지 않다. 만나기 싫은 친구가 있다면 안 만나면 그만이지만 회사는 그것이 불가능하다. 조직이 주는 스트레스 속에서 개인은 조직이 원하는 방향으로 적응해야 하지만 조직 구성원으로서의 역할 속에는 자기 본연의 모습을 투영할 공간이 없다.

조직에서 인정된 목표와 수단을 사용하는가

미국의 사회학자 머튼Merton은 인간이 이러한 조직에 적응하는 형태를 다섯 가지로 구분한다. 인정된 목표와 허용된 수단을 사용하는지 여부에 따라 조직에는 동조형, 반사회형, 의례형, 도피형, 반항형 인간이 공존한다. 여기서 인정된 목표란 자아실현을 위해 필요한 물질적 성취를 가리킨다. 또 허용된 수단이란 각자의 목표를 달성하기 위해 선택하는 수단이 사회적으로 적절한가를 구분하는 것이다.

복잡한 인간관계도 스트레스와 무관하지 않다.
만나기 싫은 친구가 있다면 안 만나면
그만이지만 회사는 그것이 불가능하다.

첫째, 동조형 인간은 인정된 목표를 위해 허용된 수단을 선택하는 유형을 가리킨다. 현업 간부나 엘리트 집단이 대부분 이에 해당한다. 동조형 인간에게서 주목할 점은 물질적인 풍요가 행복도와 무조건 비례하지는 않는다는 것이다.

소득과 지위가 높으면 행복할 것이라는 예상과 달리 동조형이 져야할 책임과 부담은 오히려 다른 유형에 비해 훨씬 크다. 회사와 가정에서 요구하는 기대치가 평균보다 훨씬 높기 때문이다.

당사자는 업무에 대한 긴장과 스트레스로 일에 대한 즐거움을 느끼지 못한다. 최근에 일어난 국회의원이나 대학 교수의 성추행 사건은 동조형 인간의 쾌감 자극이 잘못된 방식으로 이루어진 사례를 보여준다.

둘째, 반사회형 인간은 물질적 안정을 위해 수단과 방법을 가리지 않는다는 점에서 동조형과 차이를 보인다. 돈을 많이 벌고 싶어 횡령, 범죄, 조작, 뇌물 등의 불법적 수단을 쓰는 것이 대표적인 사례이다. 인사관리 차원에서 볼 때 반사회형은 심리검사를 통해 채용에서 걸러내는 것이 가장 좋다.

셋째, 의례형 인간은 다섯 유형 가운데 대다수의 사람들이 이에 포함된다. 의례형은 자아실현이 어렵다고 생각해 꿈을 일찌감치 포기한다는 점에서 동조형과 차이를 보인다. 하지만 강한 목표의식이 없어도 성실하게 일을 함으로써 조직을 지탱하는 역할을 수행할 수 있다.

그래서 의례형은 동기를 부여하고 목표 의식을 심어줌으로써 심리적으로 유약한 단점을 보완하는 것이 중요하다. 사명감과 윤리 의식이 결여되어 중요한 순간에 잘못된 의사결정을 내리면 조직에 끔찍한 결과를 안겨줄 수 있기 때문이다.

수백 명의 목숨을 앗아간 세월호 사건은 직업에 대한 목표의식이 없을 때 어떤 일이 벌어지는가를 보여준 대표적 사례다. 잠재적인 위험을 가지고 있지만 표면적으로 밝혀지지 않은 세월호 사건에 대해 다각도의 사후관리가 필요하다고 할 수 있다.

넷째, 도피형 인간은 다섯 유형 가운데 가장 심각한 잠재적 위험 군에 속한다. 도피형은 목표와 수단을 모두 포기한다. 작게는 근무 시간에 일을 하지 않는 모습으로 나타나며 심각한 경우 도박, 성적 일탈, 약물 중독 등 무절제한 쾌락을 탐닉한다. 따라서 기업에서는 동조형, 의례형이 도피형으로 추락하는 것을 막기 위한 인사관리가 중요하다.

다섯 번째, 반항형 인간은 기존의 목표나 수단을 수용하거나 거부하는 대신 자기만의 목표를 추구하고 자기만의 수단을 사용한다. 목표와 수단이 있다는 점에서 도피형과 분명히 구분된다.

이름에서도 느껴지듯 반항형은 조직원 대다수의 동의를 얻기 힘들 때가 많다. 하지만 반항형을 무조건 부정적이라고 볼 수는 없다. 스티브 잡스처럼 자신의 반항적인 성향을 긍정적인 방향으로 풀어낸 사례도 있기 때문이다.

강한 명예욕과 높은 자존감을
갖고 있는 반항형 인간의 역량을
극대화하기 위해서는
격려하고 용기를 북돋워야 한다.

결과는 기업이 이러한 인재를 어떻게 활용하느냐에 달려 있다. 강한 명예욕과 높은 자존감을 갖고 있는 반항형 인간의 역량을 극대화하기 위해서는 그 조직원을 격려하고 용기를 북돋워야 한다. 설혹 반항형 인물 때문에 회사의 위계질서가 무너질까 걱정할 필요는 없다. 기업에서 반항형 인물이 차지하는 비중은 한두 사람 정도로 매우 낮다. 또한 다른 유형의 구성원이 반항형을 보고 자신의 행동을 바꿀 가능성도 낮기 때문이다.

새로운 인사관리 전략, '적극적 듣기 5원칙'

보다 나은 인사관리를 위한 첫걸음은 듣는 데서 출발한다. 상대방의 의견에 대한 경청은 '마주보기, 대화 방해 요인 제거, 끝까지 듣기, 적절한 반응, 적절한 질문'의 5가지 원칙을 통해 이루어질 수 있다.

제일 먼저 할 일은 마주보는 것이다. 대화를 할 때는 상대방을 정면으로 보고 몸을 약간 앞으로 숙이자. 자세 하나만으로 내가 상대방의 의견을 진지하게 듣고 있다는 의미를 전달할 수 있다.

대화를 방해하는 요인을 제거하는 것 또한 적극적인 듣기를 위해 반드시 필요한 행동이다. 마주보기와 마찬가지로 하던 일을 멈추는 것은 듣는 이의 관심을 전적으로 상대방에게 쏟겠다는 긍정적 제스처다.

보다 나은 인사관리를 위한
첫걸음은 '듣기'에서 출발한다.

또한 상대방이 조언을 구하거나 의견을 묻기 전까지 자신의 하고 싶은 이야기를 모두 하도록 끝까지 들어야 한다. 말을 자르고 본인의 이야기를 꺼내놓고 싶어 안달 난 상사 앞에서 어떻게 진심 어린 이야기를 나눌 수 있겠는가.

상대방의 말에 적절하게 반응하고 질문을 하는 것 또한 중요하다. 호응어는 고객만족 서비스에서만 필요한 게 아니다. 상대방의 말에 고개를 끄덕이고 적절한 호응을 보임으로써 상대의 진심에 더욱 가까워질 수 있다. 상대방이 말을 마친 뒤에 이야기를 요약해 논지를 다시 확인하면 명확한 의사소통에 도움이 된다.

인사관리에 '진정성' 더하기

지금 당신의 회사가 직원을 다루는 방식은 어떠한가. 돈을 많이 주면 그만이라는 생각으로 직원의 복지에 무관심하지 않은가.

돈으로만 모든 것을 해결하려는 기존의 시스템은 기업을 인사 문제로부터 효과적으로 보호할 수 없다. 고속 승진을 해도 산업 스파이는 생기고 높은 임금을 받아도 이직하는 연구원은 또 다른 누군가의 이름으로 나타날 것이다.

조직 구성원의 즐거움이 어떻게 관리되고 있는지 진심으로 살펴야 한다. 재미없는 업무에서도 보람과 성취감이라는 쾌락을 얻을 수 있어야 한다. 이를 위해서는 경쟁을 지나치게 부추겨 동료에 대한 유대가 줄어들지 않는가도 눈여겨보아야 한다.

분노에 대한 관리도 필요하다. 업무량이 너무 많지는 않은지, 상사와의 불화가 부하직원을 무기력하게 만들고 있지는 않은지 말이다. 결국은 돈보다 사람이 먼저다. 범죄 심리학이 제시한 인사관리의 핵심은 진심 어린 관심과 배려의 가치가 아닐까.

» 기업에 피해를 주는 돌발 행동은 쾌감과 분노, 두 원초적 감정을 조절하는 능력과 연관 지어 생각할 수 있다.

» 인간은 훈련 여하에 따라 분노에 대한 조절이 가능하다. 특히나 기업에서 스스로의 지위가 높을수록 분노에 대한 조절이 반드시 필요하다.

» 기업을 대표하는 간부의 행동은 기업 전체의 이미지와 직결되기 마련이다. 간부가 순간의 분노를 참지 못하면 기업이 그간 피땀 흘려 쌓은 이미지는 한순간에 무너진다.

» 개개인의 억눌린 무의식이 발현되지 않도록 기업 차원에서 적절히 관리하는 것이 중요하다. 가장 좋은 방법은 밝고 긍정적인 표정과 행동으로 긍정적인 사내 분위기를 만드는 것이다.

» 인정된 목표와 허용된 수단을 사용하는지 여부에 따라 조직에는 동조형, 반사회형, 의례형, 도피형, 반항형 인간이 공존한다.

» 조직원들의 즐거움이 어떻게 관리되고 있는지 기업에서는 진심으로 살펴야 한다.

» 분노에 대한 관리도 필요하다. 업무량이 너무 많지는 않은지, 상사와의 불화가 무기력하게 만들고 있지는 않은지 말이다. 결국은 돈보다 사람이 먼저다.

이 형 우

마이다스아이티 대표

공학기술용 소프트웨어 불모지에서 세계 1위 기업으로 도약한 마이다스아이티의 성과는 눈부시다. 전 세계 유명 건축물의 시뮬레이션 소프트웨어를 만드는 마이다스아이티는 일반인들에게는 생소하겠지만 기술력만큼은 세계 최고라고 한다. 2000년 9월 설립되어 미국, 영국, 중국 등 8개의 현지법인과 35개국 전 세계 네트워크를 통해 110여 국에 공학기술용 소프트웨어를 수출하는 세계적 기업은 파격적인 인사 정책, 통 큰 복리후생으로 다른 기업들의 부러움도 한 몸에 받고 있다. 마이다스아이티 이형우 대표에게서 사람을 세우고 회사를 살리는 경영 철학 '자연주의 인본경영'을 알아보도록 하자.

성공의 문을 여는 열쇠,
사람이 답이다!

◆ ◆ ◆

2000년 설립된 공학기술용 소프트웨어를 개발 및 보급하고 웹 비즈니스 통합 솔루션 서비스를 제공하는 기업 마이다스아이티MIDAS Information Technology Co.,Ltd는 창립 7년 만에 세계시장 점유율 1위로 도약했다. 지속적으로 성장을 거듭해 2014년에는 세계 110개국에 제품을 수출했다. 회사가 거둔 놀라운 성과와 함께 신입사원이 입사 1년 만에 팀장이 되는 파격적인 인사 정책과 호텔 뷔페 수준의 직원 식사 제공 등 남다른 복리후생 제도로 유명세를 떨쳤다. 2014년 공채 입사자를 기준으로 입사 경쟁률이 500:1에 달할 만큼 취업 예비자들에게는 꿈의 직장으로 통한다.

많은 사람들이 마이다스아이티의 성공 비결을 궁금해한다. 회사가 설립된 당시만 해도 이 분야는 미국계 소프트웨어가 전 세계 시장을 점유하던 레드오션으로, 국내 기술은 미천한 상황이었다. 이처럼 기술력이 부족한 상태에서 어떻게 전쟁 같은 경쟁을 뚫고 세계 1위가 될 수 있었는지 그 비결에 관심이 집중되었다. 그 비결은

국내 기술이 부족한 상황에도
세계 1위가 될 수 있었던 비결은
자연주의 인본경영,
사람에 주목했기 때문이다.

기술도 자본도 아닌, 바로 '자연주의 인본경영自然主義 人本經營'사상에 답이 있다. 즉, 사람에 주목해야 하는 경영이 답인 것이다.

고사에 '축록자불견산 확금자불견인逐鹿者不見山 攫金者不見人'이란 말이 있다. '사슴을 잡으려 쫓는 자 산을 보지 못하고, 돈을 쫓는 자 사람을 보지 못한다'는 뜻이다. 마이다스아이티는 경영도 이윤을 쫓기 전에 사람을 키우는 일이 먼저라고 강조한다. 회사를 이끌며 365일 집중하는 일도 오로지 인재를 육성하는 일이다. 이런 배경에는 사람과 경영의 본질에 대한 경영자 및 임원진들의 깊은 통찰이 깔려 있다.

가장 올바른 경영은 자연주의 인본경영

자연주의 인본경영에서 '자연주의'란 인간에 대한 자연과학적인 이해를 바탕으로 한다는 뜻이다. '인본경영'이란 인간에 대한 자연과학적인 이해를 바탕으로 행복 인재를 키워서 세상의 행복 총량을 늘리는 데 기여하는 것이다. 따라서 가장 올바른 형태는 자연이 만든 인간 고유의 결대로 경영하는 것이다.

자연주의 인본경영은 크게 3가지 체계로 구성된다. 생물학을 근간으로 하여 인간 본능과 본성을 담고 있는 자연주의 욕망론, 뇌신경과학 측면에서 인간의 사고와 행동을 담고 있는 육성론, 자연과학의 바탕 위에서 인사, 노무, 총무, 마케팅, 세일즈를 정리한 체계론이다. 각 체계들을 파악하기 위해서는 인간에 대한 이해가 필요함은 물론이다.

'현재의 나'는 과거의 결과이다. 그리고 미래는 현재와 연속선상에 있는 귀결이다. 내가 오늘 현재를 어떻게 경영하느냐가 나의 미래를 결정한다. 나를 제대로 경영하려면 내가 어떤 생각을 하고 어떤 마음으로 움직이는지를 이해해야 한다. 우리의 마음은 과학적으로 뇌에서 작용하는 것이므로 뇌에 대한 이해가 선행되어야 한다.

우리의 뇌는 안에서 밖으로, 아래에서 위로 진화해왔다. 제일 먼저 진화한 부위는 뇌간$_{Brain stem}$이다. 뇌간은 심장을 뛰게 하고 호흡하게 하며 발한 작용을 통해 체온을 조절하는 아주 중요한 일을 한다. 변연계$_{Limbic system}$는 감정을 만들어 내는 부위이다. 인간이 반려동물과 감정소통이 가능한 것은 인간과 반려동물의 뇌 속에 변연계가 있기 때문이다.

의식적으로 이해를 따지거나 생각을 하거나 기억을 할 때에는 뇌의 신피질$_{Neocortex}$이 작용한다. 또한 최종적으로 종합하는 의사결정은 뇌의 앞부분에 위치한 전전두엽$_{Prefrontal Cortex}$에서 하게 된다. 예를 들어 쇼핑을 할 때 뇌간은 '당장 가져'라고 얘기하지만 전전두엽이 '참아'라고 해서 쇼핑을 하지 않는 쪽으로 결론을 내리는 식이다.

시간이 흐르면서 인간의 육체는 점점 나이를 먹지만 뇌는 사춘기 이후로 나이 들지 않는다. 경험이 쌓이면서 전전두엽에서 행동을 조절하기 때문에 겉으로는 점잖은 것처럼 보여도 마음속에서는 밥

오늘 현재를 어떻게 경영하느냐가
나의 미래를 결정한다.

달라, 잠 좀 자라, 쉬어라, 물건을 사라고 보채고 끊임없이 추구하는 수많은 '나'가 있다. 우리는 먼저 이런 자신을 있는 그대로 인정해야 한다.

뇌간과 변연계는 동물적 생존 추구를 관장하며 좋고 싫음을 기준으로 이기적인 판단을 한다. 신피질은 사회적 이익 추구를 위해 이익과 손해를 기준으로 서로 특별한 혜택을 주고받는 호혜적인 행동을 취한다. 그리고 전전두엽은 정신적 완성추구를 위해서 옳고 그름을 기준으로 이타적인 행동을 만들어낸다. 만약에 뇌가 그렇게 세 가지 추구성을 가진다면 인간에 대해서 깊게 고민한 현자들은 인간에 대해서 뭐라고 얘기를 했을까?

고대 그리스의 철학자 아리스토텔레스는 그의 아들 니코마코스Nikomachos에게 인간은 쾌락의 삶, 정치적 삶, 관조적 삶을 산다고 얘기했다. 19세기 중반부터 20세기 초반 오스트리아의 생리학자 프로이트는 인간이 원초아, 자아, 초자아에 의해서 행동을 하게 된다고 설명했다. 긍정 심리학의 창시자인 미국의 심리학자 마틴 셀리그만M. Seligman은 인간이 즐거운 삶, 열정의 삶, 의미의 삶을 산다고 했다.

시대와 장소가 달라도 세 사람 이야기에는 공통점이 있다. 먼저는 세 사람 모두 인간의 추구성을 세 가지로 분리한 것이다. 그리고 이들은 서로 연계되어 있다. 정리하면 아리스토텔레스가 이야기한 쾌락의 삶은 프로이트가 말한 원초아가 추구하는 삶, 셀리그만이 이야기한 즐거운 삶과 연계되어 있는 것이다.

가족의 이익을 나의 이익과 동일시하고,
민족의 이익을 나의 이익과 동일시하며,
인류의 이익을 나의 이익과
동일시하는 것이 곧 '이타'이다.

"나는 추구한다
고로 나는 존재한다"

그리고 아리스토텔레스가 말한 정치적 삶은 프로이트의 자아가 추구하는 삶이며, 셀리그만이 얘기한 열정의 삶과 닮아 있고, 마지막으로 아리스토텔레스의 관조적 삶은 프로이트가 말하는 초자아가 추구하는 삶이며 곧 셀리그만이 말하는 의미의 삶과 닮아있다.

시공간을 넓혀서 이해하면 결국 우리가 동물적 생존 추구를 할 때는 이기적 성향을 강하게 띠게 되고, 사회적 성장 추구에 집중할 때는 서로 혜택을 주고받는 호혜적 성향을 띠게 되고, 정신적 완성 추구를 할 때는 이타적인 성향을 띠는 것을 알 수 있다.

하지만 이타성에는 또다른 의미가 있다. 바로 '이기 범위의 확장'이다. 개인을 위하는 것은 극단의 이기이고, 내 가족의 이익을 위하는 것이 혈연적 이기라면, 72억 명 인류의 안녕을 원하는 것은 인류에 대한 이기인 셈이다. 이렇게 가족의 이익을 나의 이익과 동일시하고, 민족의 이익을 나의 이익과 동일시하며, 인류의 이익을 나의 이익과 동일시하는 것이 진정한 '이타'라고 할 수 있겠다.

사람은 동물이자 생물이며 인간이다. 과학적 측면에서 말하는 우리의 정체성은 '자연이 빚은 욕망하는 동물動物'이다. '동動'은 동물의 근원적인 속성으로서 신경이 만든 추구성이다. 욕망은 뇌의 신경이 만든 것으로 인간의 본성인 것이다.

결국 자연과 환경은 욕망의 결에 따라 인간을 만들었다. 인간은 육체적 생존추구를 하고, 사회적 성공 추구를 하고 정신적 완성 추구를 하도록 지어져 있는 것이다. '나는 생각한다, 고로 나는 존재한다'라고 한 데카르트의 말을 과학적인 진실에 입각해 다시 표현한다면, '나는 추구한다, 고로 나는 존재한다'로 바꿀 수 있겠다.

자연의 결대로 행복 인재를 키우다

마이다스아이티가 내리는 경영의 정의는 '자연이 만든 인간의 결대로 행복인재를 키워내 그 사람이 행복하고 그 사람을 통해서 세상이 보다 행복한 세상이 되도록 만드는 것'이다. 그렇다면 어떻게 사람을 키울 것인가? 바로 자연 고유의 결대로 해야 한다. 인간의 유사 이래 본성이 먼저냐 양육이 먼저냐 하는 문제로 오랜 시간 다퉈왔는데, 현대과학은 본성을 갖고 태어나되 만들어진다고 결론을 내리고 있다. 인간의 근원적인 정체성인 추구하고자 하는 욕망을 어떻게 이끄는지에 따라 개인의 삶과 능력과 인격이 전혀 달라진다는 얘기다. 식재료의 질이 떨어지더라도 훌륭한 요리사를 만나면 명품 요리가 나올 수 있고 반대로 아무리 재료가 훌륭해도 요리사의 질이 떨어지면 좋은 요리를 기대할 수 없는 것처럼 말이다.

자연의 결대로 인재를 육성하는 것은 곧 바람직한 욕망을 학습하는 것이다. 수많은 욕망 중에서 바람직한 욕망을 더 선양하고 그것을 키우면 행복한 인재로 성장할 수 있다. 욕망을 통해 성공체험을 하게 되면 그것이 성과 역량을 배양하게 된다. 우리가 어떤 행동을 취했을 때 뇌는 보상회로에 의해 신경전달물질을 분비하는데, 그

어떻게 사람을 키울 것인가?
바로 자연 고유의 결대로 키우면 된다.

행동과 쾌감을 같이 기억한다. 그것이 바로 강렬한 성공체험이다.

그렇다면 우리는 무엇을 욕망할까? 동물적 생존추구, 사회적 성장추구, 정신적 완성추구를 욕망한다. 동물적 생존추구를 할 때는 재물을 쫓는다. 사회적 성장추구를 할 때는 명예를 쫓고, 정신적 완성추구를 할 때는 평안한 상태를 추구한다. 만약 배고플 때에는 허기를 채우는 것이 급선무다. 삼겹살 1인분이라도 맛있게 먹기를 원할 것이다. 기본적인 허기가 해결되면 마블링이 잘 된 쇠고기를 원한다. 그 다음에는 훌륭한 레스토랑에 가서 멋진 인테리어를 감상하며 스테이크를 썰고 싶어 한다. 그렇게 양을 추구하다가 질을 추구하고 다시 격을 추구한다. 우리가 추구하는 것은 대개 이 범위 내에 들어 있다.

시기별로도 강하게 드러나는 욕망이 있다. 유아기 때는 가장 이기적이다. 이 시기는 먹고 자는 게 일이다. 이 문제가 해결되지 않으면 울고 해결되면 웃는다. 청소년기에 이르면 노는 것, 편한 것을 즐기고 좋아하게 된다. 그리고 사회인이 되면 권한과 책임, 존경, 완성 및 명예를 추구하게 된다. 하지만 특정 시기에 어느 하나만 발현되는 것이 아니라 이러한 추구성을 다 가지고 있다.

이러한 지점에서 마이다스아이티는 동물적 욕망에 집중해 있는 사람들을 보다 높은 수준인 정신적 완성추구 단계로 이동할 수 있도록 돕는 역할을 한다. 그것이 직원들을 성장시키는 육성이라고 일컫는다. 500:1의 경쟁률을 뚫고 입사한 직원들은 아직 완성되지 않은 원석의 상태이다. 마이다스아이티에 입사 지원을 한 것도 근본적으로는 동물적인 생존추구의 일환이다. 하지만 직원에게 지식을 쌓고 성취를 누리고 인정받을 수 있는 기회를 주면 생존 욕망이 줄어들고 대신 사회적 성장의 욕망이 증가한다. 그렇게 성장한 이들에게 권한과 책임을 주고 존경받을 수 있는 욕망의 환경을 만들어주면 다시 정신적 완성추구로 살짝 이동한다. 사람이 자연에 의해 지어져 있기 때문에 자연에 의해 사람을 키우면 자연히 변화하고 성장할 수 있는 것이다.

왜 자연주의 인본경영인가

경영의 핵심은 사람이다. 경영은 바람직한 미래를 위해 현재를 사용하는 것으로 경영의 핵심 키워드는 효과성과 효율성이다. 효과성과 효율성만을 위해 만들어진 인체기관이 바로 뇌이다. 따라서 사람 경영을 제대로 하려면 뇌 경영도 해야 한다. 이것이 곧 자연주의 경영으로 이어진다.

예를 들어 우리 모두가 원하는 조직의 모습은 성공한 조직으로서 조직 구성원들이 자발적이고, 자율성이 있으며, 치열하고 치밀한 모습을 가진 점이 특징이다. 어떻게 하면 내가 속한 조직도 '자발, 자율, 치열, 치밀'의 모습으로 만들 수 있을까. 이 네 가지 특징은 뇌의 영역별로 각각 담당을 하고 있다. 자발은 뇌간이 만드는 '긍정과 부정'의 정서적 판단에 따라 일어나는 것이고, 치열함은 변연계가 관장하는 '좋음과 싫음'이 감정적 판단에 의해 만들어지는 현상이고, 치밀은 신피질이 하는 것이고 자율은 전전두엽이 하는 일이다. 나의 조직이 자발과 자율, 치밀과 치열로서 좋은 성과를 내길 원한다면 뇌의 각 영역들에 대한 객관적인 이해가 필요하다.

조직의 크기는 리더의 크기를 넘어설 수 없다. 조직의 성과는 개인들 성과의 합이다. 개인의 성과를 달성하기까지 뇌는 어떻게 작동할까? 우선 신뢰감을 느낄 때 열정이 올라오고 열정이 올라오면 전략적 사고력이 작동하고, 그때 지식을 사용해서 성과를 낸다. 이때 신뢰의 핵심은 리더의 신뢰가 중요한 변수로 작용한다는 점이다. 열정도 리더가 주는 동기부여에 의해 발산할 수 있으며, 전략적 사고도 리더가 코칭을 통해 도와줄 수 있다. 결과적으로 리더의 역량 크기가 성과의 크기를 만들고 조직의 크기를 만드는 것이다.

내가 몸담은 조직이 '자발과 자율, 치열과 치밀'로 성과를 내지 못한다면 리더 스스로가 변해야 하는 것이다.

내 이름은 내가 지은 게 아니다. 태어날 때 부모를 선택하거나 조국을 선택하지도 않았다. 또 타고난 능력을 능력 메뉴판에서 선택한 것도 아니다. 현재 나의 지식과 경험은 다 밖에서 얻은 것이다. 오롯이 내 속에서 만든 나만의 것은 없다. 그렇다면 이 삶을 어떻게 경영해야 할지 답이 그려진다. 내가 선택한 것이 아닌 나의 능력을 제대로 사용한다는 것은 그것을 갖지 못한 사람들을 위해 사용하는

눈 내린 들판을 걸을 때에도,
모름지기 아무렇게나 걷지 말라.

오늘 걸은 나의 발자국이,
뒤에 오는 사람의
이정표가 되리니.

- 김구

것이다. 즉 이기의 삶이 아닌 이타의 삶을 말한다.

세상에서 가장 소중한 것은 돈이 아니라 시간이다. 보관할 수도 재생할 수도 없으므로 현재의 시간만이 진실이다. 한 시간을 나를 위해 쓰면 한 시간이지만 4인 가족을 위해서 쓰면 4시간의 가치 부여를 할 수 있다. 또 남북한 7,000만 국민을 위해 쓴다면 7,000만 시간의 가치를 가질 것이고, 지구촌 전체를 위해서 산다면 나에게 주어진 한 시간은 72억 시간 만큼의 가치를 지닐 것이다.

백범 김구 선생이 상해임시정부 시절 힘들 때마다 자주 되뇌었다는 시가 있다. '답설야중거 불수호난행 금일아행적 수작후인정踏雪野中去 不須胡亂行 今日我行跡 遂作後人程', '눈 내린 들판을 걸을 때에도, 모름지기 아무렇게나 걷지 말라. 오늘 걸은 나의 발자국이, 뒤에 오는 사람의 이정표가 되리니'…. 우리의 육신은 한 번 내쉰 숨을 다시 들이마시지 못할 때 끝나겠지만 우리의 정신은 후대인들에게 영원히 기억되고 전수될 수 있다. 사람 중심의 경영, 자연의 결대로 그 사람의 가치를 자연스럽게 인정하고 힘쓰는 경영, 행복한 인재를 만들어내는 경영, 시간을 소중히 사용해서 집중할 부분에 집중하며 사는 삶…. 그런 삶이 가장 위대한 삶이라 할 수 있지 않을까.

›› 조직의 수장이라면 **365**일 오로지 인재를 육성하는 일에 집중해야 한다.

›› 자연주의 인본경영에서 '자연주의'란 인간에 대한 자연과학적인 이해를 바탕으로 한다는 뜻이다. '인본경영'이란 인간에 대한 자연과학적인 이해를 바탕으로 행복 인재를 키워서 세상의 행복 총량을 늘리는 데 기여하는 것이다. 따라서 가장 올바른 경영은 자연이 만든 결대로 사람을 경영하는 것이다.

›› '현재의 나'는 과거의 결과이다. 그리고 미래는 현재와 연속선상에 있는 귀결이다. 내가 오늘 현재를 어떻게 경영하느냐가 나의 미래를 결정한다. 나를 제대로 경영하려면 내가 어떤 생각을 하고 어떤 마음으로 움직이는지를 이해해야 한다.

›› 마이다스아이티가 내리는 경영의 정의는 '자연의 결대로 행복인재를 키워내고 사람을 통해 보다 행복한 세상이 되도록 만드는 것'이다.

›› 자연의 결대로 인재를 육성하는 것은 곧 바람직한 욕망을 학습하는 것이다. 수많은 욕망 중에서 바람직한 욕망을 더 선양하고 그것을 키우면 행복한 인재로 성장할 수 있다.

›› 경영의 핵심은 사람이다. 사람 경영을 제대로 하려면 뇌 경영을 해야 한다. 이것이 곧 자연주의 인본경영으로 이어진다.

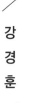

강 경 훈

우버코리아 지사장

고객의 요구에 따라 즉각적으로 제품과 서비스를 제공하는 온디맨드On Demand 시장이 빠르게 확산되고 있다. 모바일 차량예약 서비스인 우버Uber, 세계적인 숙박 공유시설 에어비앤비Airbnb 등이 온디맨드 시장의 대표주자로 손꼽힌다. 모바일 애플리케이션을 기반으로 국내 시장 역시 온디맨드 시대로 이동하고 있다. 캘리포니아대학교에서 경제학과 심리학을 전공하고 '유럽경영대학원'이라 불리는 인시아드INSEAD에서 경영학 석사를 전공했으며 JP모건 아시아퍼시픽 애널리스트, 모건스탠리아시아 수석매니저 등으로 활약하다 현재 우버코리아에서 근무하고 있는 강경훈 지사장으로부터 온디맨드 시대에 대응하는 우버 서비스의 특징과 전략을 들어본다.

세계적인 우버 신드롬,
시장의 맥락을 읽어라

◆ ◆ ◆

　스마트폰 운송차량 호출 서비스 애플리케이션인 우버는 현재 전 세계 70개국, 480곳 이상의 도시에서 이용되는 대표적인 차량 공유 서비스이다. 이 서비스를 운영하는 우버 테크놀로지스_{Uber Technologies} _{Inc.}는 2009년 설립되었다.

　우버 서비스 개발은 우버의 창시자인 트래비스 칼라닉_{Travis Kalanick} 사장이 여행 중 택시를 잡는 데 어려움을 겪은 일이 계기가 되었다. 당시는 스마트폰 보급 초기였는데 애플리케이션을 통해 택시가 아닌 고급 리무진을 부르는 서비스를 만들겠다고 생각한 것이다. 그리고 그는 공동 창업자 개릿 캠프_{Garrett M. Camp}와 함께 애플리케이션을 개발했다. 그는 그저 아이디어에 그치지 않고 실행에 옮긴 것이다.

　우버는 2010년 미국 샌프란시스코에서 정식 서비스를 시작한 이후 해마다 폭발적인 성장세를 기록했다. 2013년에는 아시아로 진출했고 서울에는 2013년 8월에 들어왔다. 2016년 현재 글로벌 전체 110만 명 이상이 운전기사로 활동 중이다.

이 중 80%가 아시아에 몰려 있으며 대부분이 중국에 속한다. 중국의 도시들은 미국과 유럽의 큰 도시에서 4~5년에 걸쳐 성장한 수치를 1~2년 안에 따라잡으며 가파른 성장세를 보이고 있다.

핵심은 철저히 맞춰진 고객 중심형 서비스

우버는 고급 택시(리무진) 서비스인 '우버블랙', 일반 콜택시와 비슷한 '우버택시', 개인 소유 차량으로 승객을 태우는 '우버X' 등 다양한 서비스를 제공하고 있다. 전 세계적으로 통용되는 우버 서비스의 시스템과 특징을 살펴보면 고객이 호응하는 온디맨드 시장의 맥락을 읽을 수 있다.

우버의 강점은 보편성이다. 아시아, 유럽, 북미의 도시 가운데 우버가 진출한 곳을 방문할 때 고객은 우버 애플리케이션을 통해 간편하게 현지에서 택시 등의 운송차량을 호출할 수 있다. 전 세계적으로 동일한 애플리케이션과 서비스를 제공하기 때문에 지역에 상관없이 보편적인 경험을 제공한다.

그리고 편의성은 최대로 끌어올렸다. 우선 작동 방법이 무척 쉽다. 애플리케이션을 켜면 위치 확인 시스템인 GPSGlobal Positioning System가 인식돼 모니터에 현장 위치 및 주변에 위치한 등록 차량이 보인다. 원하는 교통수단을 선택하고 버튼을 누르면 예상 도착 시간이 안내되며 차량 모델, 운전기사의 정보 등도 확인할 수 있다. 결제는

우버의 강점은 보편성이다.
우버가 진출한 곳을 방문할 때
고객은 우버 애플리케이션을 통해
간편하게 현지에서 택시 등의
운송차량을 호출할 수 있다.

고객이 목적지에 내린 후 미리 등록된 카드를 통해 자동으로 진행된다.

우버 서비스의 투명성은 고객 신뢰를 더욱 높여 준다. 고객의 이메일로 전송되는 영수증에 차량의 주행 정보가 안내된다. 영수증에는 탑승 및 하차 장소, 경로, 시간과 거리 및 요금이 표시되므로 과다 청구를 걱정할 필요가 없다. 결제 요금에 의문이 든다면 고객센터에 문의할 수 있고 제기된 문제가 타당하다면 정정할 수 있다. 차량에서 물건을 잃어버려도 의견을 남길 수 있으며 되찾기도 한결 수월하다. 안전성도 함께 고려했다. 고객이 우버를 탑승할 때 버튼을 누르면 자신의 친구와 가족 등에게 탑승 정보를 알려준다. 더불어 고객과 기사 모두 별점으로 상호 평가를 해 다음 서비스 이용 시 참고할 수 있다.

현재 서울의 택시기사는 7만 명에 달하는데, 택시기사에 따른 서비스 편차가 심하다. 택시기사 또한 자칫 위험 고객을 만날 가능성이 있다.

우버의 상호 평가 시스템을 통해 지속적으로 정보가 축적된다면 더 나은 운전기사, 좋은 고객을 만날 확률이 높아진다. 검증과 서비스 개선의 선순환을 이룬다.

플랫폼을 통해 운전기사와 고객 모두 혜택이 돌아가려면 효율성을 놓치지 않아야 한다. 수요와 공급량 예측이 관건인데 우버는 이용 데이터를 지속적으로 축적해서 지역별, 시간별 빈도 분석을 통

서비스의 투명성은
고객 신뢰를 더욱 높여 준다.

해 승객이 많은 곳을 기사에게 안내한다. 또한 구역별로 수요 예측이 가능해 기사들은 효율적으로 일할 수 있고 사용자 역시 필요한 순간에 서비스를 원활히 공급받을 수 있다.

이렇게 서비스가 활성화되면 평균 대기시간이 줄어들게 된다. 샌프란시스코의 경우 평균 대기시간이 2.4분에 불과하다. 시카고 3.1분, 런던 3.8분, 시드니 3.4분, 멕시코시티 4.1분 등 전 세계적으로 5분 안에 이뤄진다.

우버 서비스가 활성화되면서 긍정적인 효과도 가져왔다. 시애틀은 음주 운전 사고가 10% 줄어들었다. 미국은 택시 운영이 잘 안 된 곳이 많아서 술을 마시고 운전하는 일이 종종 발생한다. 이제는 우버를 이용해 안전하게 귀가할 수 있다. 시카고는 택시 관련 범죄가 20% 이상 줄었다. 플랫폼이 제공하는 장치를 통해 범죄 발생 확률이 낮아진 것이다.

플랫폼 비즈니스로 여는 청사진

트래비스 칼라닉 사장은 애플리케이션을 통해 차량이 5분 안에 올 수 있다면 세상의 모든 것을 5분 안에 연결할 수 있다고 생각한다. '우버'라는 하나의 플랫폼에서 음식, 물건 배달 등의 다양한 분야로 확장할 수 있는 것이다.

'우버아이스크림'은 이런 우버의 가능성을 보여주는 독특한 이벤

트이다. 매년 여름 하루 동안 전 세계적으로 동시에 이뤄지는데 고객은 버튼 하나만 누르면 프리미엄 아이스크림을 배달받거나 다른 사람에게 보낼 수 있다.

한국에서는 배달 문화가 보편화되어 있지만 그렇지 못한 미국은 현재 음식을 배달하는 '우버잇츠Uber Eats'라는 서비스가 선풍적인 인기를 끌고 있다. 또한 자전거로 소포를 배달하는 '우버러시Uber Rush'도 관심을 모은다. 나아가 '우버차퍼Uber Chopper'라는 헬리콥터 운송 서비스도 테스트 중이다.

우버 지사들은 도시마다 다양한 제품과 서비스를 추진할 자유가 있다. 2014년 서울에서는 어버이날에 카네이션을 배달했고, 홍콩에서는 아이스버킷 얼음물을 배달하고 사진을 찍어 주는 재밌는 이벤트를 실시했다. 이와 같은 적극적인 플랫폼 비즈니스를 통해 우버는 세계적이고 보편적인 플랫폼으로 도약하고 있다.

우버코리아 2016 돌파 전략

2013년 8월, 우버코리아는 서울에 고급 리무진 서비스 '우버블랙'을 개시했다. 그런데 연이어 '우버X', '우버택시'를 시작했는데 이런 과감한 전략에 택시 사업자들의 반발을 불러일으켰고 결국 당국의 제지를 받았다.

이에 우버코리아는 국토교통부 및 서울시 택시물류과, 택시조합

트래비스 칼라닉 사장은
애플리케이션을 통해 차량이
5분 안에 올 수 있다면
세상의 모든 것을 5분 안에 연결할 수
있다고 생각한다.

등의 관계자들을 만나 적극적으로 소통했고 결국 오해와 논란을 종식시킬 수 있었다. 그러면서 한국에서의 서비스 방향을 고급 택시로 정했고, 이후 우버블랙을 합법적으로 서비스할 수 있게 되었다.

다시 정비된 우버블랙은 더욱 좋은 서비스를 만들기 위한 방침을 세웠다. 운전기사는 개인택시 기사 중 무사고 운전 경력 5년 이상에 과거 1년간 행정처분을 받은 일이 없고, 연간 16시간 서비스 교육을 수료하고 배기량 2800cc 이상의 차량을 가진 사람이 등록할 수 있다. 기사 평점을 보면 거의 5점 만점으로 서울 우버 기사들의 평점이 다른 어느 도시보다 높다. 현재 우버블랙 기사들은 총 80명 이상이며, 기사 한 명 한 명이 우버의 이미지이므로 무리하게 기사를 늘리기보다 양질의 서비스를 만드는 데 주력하려고 한다.

그러기 위해 운전기사를 위한 지원과 혜택에도 신경을 썼다. 여러 기업과 파트너십을 체결해 차량 구입 시 할인과 금융 지원을 마련했으며 자체적으로 서비스 교육을 추가 실시할 계획이다. 관계 부처와도 적극적으로 소통하고 있다. 서울시 택시물류과와는 심야 시간 택시 잡기가 힘든 강남역에서 택시 합승을 허용하는 구역인 '강남역 해피존' 협력을, 국토교통부 '택시 친절왕' 운영에도 협력하기로 약속했다. 이처럼 공유 경제에 입각한 우버코리아는 앞으로 국내 실정에 맞게 재정비, 새로운 서비스들을 도입해서 조화롭게 성장의 틀을 다지고 발전할 것이다.

Q 공유경제 시대 대표적인 비즈니스 기업으로 우버가 언급되고 있습니다. 공유경제의 정의와 공유경제가 가져올 미래의 변화상은 어떤 것이 있을까요.

A 제가 생각하는 공유경제는 기술을 매개로 갖고 있던 자산을 필요한 사람에게 전달해 주고 그 사람이 자산을 이용함으로써 경제 활동이 생기는 것입니다. 우버의 창시자인 트래비스 칼라닉 사장님은 우버 플랫폼을 확장해 무궁무진하게 적용할 수 있다고 생각합니다. 예를 들어 우버를 통해 집 없는 고양이나 강아지를 키우고 싶은 사람들에게 배달하는 식인 거죠. 또 입고 싶지 않은 옷, 갖고 있는 장비 등을 우버를 통해 필요한 사람에게 전달하는 것입니다. 플랫폼이 확장되면 이런 재밌는 일들이 발생하지 않을까요.

간혹 우버가 확장되면 기존의 자동차 산업이 위축되지 않을까 하는 우려의 목소리가 들리는데 반대로 생각해 보면 어떨까요. 만일 우버 100대가 매일 운행된다면 차는 보다 빨리 낡게 되고 교체될 것입니다. 시간이 흐르면서 좀 더 좋은 차량을 필요로 할 수 있고요. 그런데 많은 차량들이 하루 대부분의 시간 동안 주차되어 있습니다. 차량 소유주는 오랜 기간 차를 교체할 필요가 없겠죠. 이런 측면을 보면 산업 변화를 조금 다르게 생각할 수 있을 것 같습니다.

Q 많은 공유경제 플랫폼 가운데 특히 우버가 큰 가치를 지닌 기업으로 평가받는 이유는 무엇일까요.

A 우버는 굉장히 공격적이에요. 제공하는 서비스에 대한 확신 때문입니다. 각 도시들에 진출할 때 그곳의 택시 산업이 큰 기득권을 가진 경우가 있어요. 남미의 어느 나라는 마피아보다 택시 산업이 힘이 세다고 할 정도죠. 하지만 사장님을 비롯한 우버 창립 멤버들은 자신의 신념을 위해 굽히지 않고 싸워 왔습니다. 많은 실수가 있었지만 결국 실패하지는 않았죠.
2015년, 우버가 한국에서 백기를 들고 철수했다는 기사가 나왔는데 그 소식을 보고 슬펐습니다. 저희는 영업을 계속하고 있었거든요. 하지만 남은 문제를 해결하기 위해 노력하는 중이었고 잘 되리라 믿었기 때문에 나서서 해명하지 않았습니다. 현재는 재정비된 우버블랙을 운영하고 있습니다.

Q 공유경제를 이용한 사업이 사람들의 생활 속에 자리 잡기 위해서는 시선을 사로잡을 만한 홍보를 하거나 지역, 도시, 한국인의 특성을 반영한 특화된 서비스가 필요하지 않을까요. 이에 대한 우버코리아의 전략은 무엇입니까.

A 저는 2014년 4월 우버에 입사했습니다. 당시 언론 인터뷰를 많이 하며 서비스를 대중에게 알렸습니다. 관심을 갖고 등록한 시민들이 많았죠. 또한 각 도시마다 꽃 배달, 고양이 배달, 아이스버킷 등 다양한 '온디맨드 서비스'를 실시합니다. 하지만 가장 중요한 것은 실제로 우버 서비

스가 이뤄질 때 고객과 운전기사 모두 좋은 경험을 하는 것입니다. 우버코리아는 그 점에 모든 노력을 쏟아 붓고 있습니다.

택시도 그 자체로 공유경제라고 생각합니다. 택시기사의 차를 빌려서 이동하는 것과 마찬가지니까요. 그렇다면 우버블랙도 공유경제의 한 단계 업그레이드된 서비스인 셈이죠. 단순히 공유경제 서비스니까 좋다, 나쁘다와 같은 흑백논리보다 우리 회사가 어떤 일을 하는지 초점을 맞추고 싶습니다. 우버 플랫폼을 통해 택시기사와 승객이 더 좋은 경험을 할 수 있도록 도와주는 것이죠. 기사는 효율적으로 일하면서 소득을 높이고, 고급 서비스를 이용하고 싶은 고객은 만족할 만한 서비스를 누리는 데 일조하고 싶습니다.

Q 우버코리아는 한국 시장의 제도, 정서를 반영해 운영되면서 동시에 글로벌 표준 서비스를 제공합니다. 이러한 세계화와 지역화가 동시에 이루어지는 글로컬라이제이션 Glocalization 전략의 강점과 실행 방법은 무엇입니까.

A 우버블랙을 다시 개시한 이후 서울시나 국토교통부에서 서비스에 대한 여러 의견을 주셨습니다. 하지만 우버는 글로벌 시장에서 하나의 모델로 설계된 서비스라 즉각 반영할 수는 없었죠. 우버코리아는 그동안 시행착오를 겪으며 모든 사람들이 보편적으로 추구하는 경험을 목표로 하면서 비즈니스모델을 정비했습니다.

이제는 거꾸로 우버 본사에서 한국 상황에 대한 여러 질문을 할 정도입니다. 회사와 도시의 입장을 조율하는 게 힘들면서도 재밌습니다. '피할 수 없으면 즐겨라'라는 자세로 좋은 서비스를 위해서 노력할 따름입니다.

Q GE의 패스트웍스, 코카콜라의 파운더즈와 같이 대기업에서 스타트업의 민첩한 혁신을 배우려는 움직임이 많습니다. 일반 기업에서 스타트업 조직문화를 흡수하기 위해서는 어떻게 접근해야 할까요.

A 스타트업 조직문화는 수직적인 대기업 문화와 많이 다릅니다. 우버의 예를 들자면 만일 좋은 아이디어가 있을 경우 사장님에게 직접 메일로 전달하거나 개인 면담을 요청할 수 있습니다. 입사 당시인 2014년 4월 직원이 1,000명 정도 있었고 2016년 현재 8,000명 정도 있는데 사장님은 그때나 지금이나 매주 전 직원 미팅을 하고 이메일에 답장을 하십니다. 특히 미팅 시에는 직원들이 자유롭게 의견을 낼 수 있도록 장려합니다. 조직문화가 수평적이죠. 또 하나 직원을 채용할 때 여러 테스트를 거쳐 고심해서 뽑습니다. 저 역시 인터뷰만 3개월이 걸렸습니다. 거의 매일 숙제와 테스트를 치러야 했죠. 하지만 그렇게 입사한 직원들을 믿어 줍니다. 경영진이 방향을 세우면 세부적인 실행은 실무자에게 전적으로 위임하는 점도 비즈니스가 빠르게 추진될 수 있는 비결이죠. 직원에 대한 신뢰와 업무에 대한 자유, 거기에서 오는 보람을 많은 스타트업 기업들에게서 볼 수 있는 것 같습니다.

Q 우버는 글로벌 시장에서 성공 케이스가 많지만 한국에서는 몇 년간 고전했습니다. 다른 나라에 비해서 우버가 빨리 정착하지 못하는 가장 큰 이유는 무엇인가요. 또한 한국과 비슷한 상황을 겪은 도시는 어디입니까.

A 우버의 서울 진출이 힘들었던 이유는 우선 대중교통이 잘 갖춰져 있기 때문입니다. 반대로 우버가 성공하기 쉬운 도시는 교통 인프라가 취약한 국가나 도시들이죠. 인도네시아의 자카르타, 필리핀의 마닐라처럼요. 마닐라의 경우 우버 서비스는 100% 합법입니다.

서울의 경우 가장 미숙했던 부분은 정부 관계 부처와 택시 업계와의 소통이 부재했던 점입니다. 우버에 대한 제재가 가해지고 문제를 해결하기 위해 이들을 만나면서 우버 서비스를 단순히 싫어하고 거부하는 것이 아니란 점을 느꼈습니다.

오히려 지금은 국토교통부, 서울시, 택시조합 등과 잘 협력하고 있습니다. 많은 도시들이 서울의 사례를 참고하고 있습니다. 그리고 서울과 같은 어려움을 겪은 다른 도시라면 언론에 소개된 것처럼 프랑스 파리나 독일의 몇몇 도시가 있습니다.

Q 공유경제 시대, 온디맨드 시대를 맞아 우버가 꿈꾸는 미래 그리고 우버코리아 지사장으로서 꿈꾸는 미래에 대한 이야기를 들려주시기 바랍니다.

A 우버가 꿈꾸는 미래는 전 세계 어느 도시를 가든지 애플리케이션으로 요청하면 5분 이내에 차량이 도착하고 기사와 고객 모두가 만족하는 경험을 주는 것입니다. 우버코리아의 미래도 이와 마찬가지입니다. 앞으로는 서울뿐 아니라 부산, 대전, 대구 등 전국 어디를 가든지, 또한 어느 시간이든지 우버를 이용할 수 있게 되기를 바랍니다.

올해 초 '무한 긍정'의 자세로 살겠다는 다짐을 했습니다. 우버코리아에 들어와 여러 가지 일을 겪었는데 피할 수 없으면 즐기고, 최대한 좋은 점을 보려 합니다. 문제를 해결하는 것에 가치를 느끼며 성실하게 하루하루를 살아갈 것입니다.

최
성
준

YG엔터테인먼트 운영총괄책임자

문화가 상품이 된 세상, 문화가 곧 경쟁력이 되는 새로운 패러다임의 시대를 맞이하고 있다. 세계 무대에서 대한민국은 케이팝, 드라마, 게임 등 다양한 문화 콘텐츠를 상품화하며 세계 무대에서 '한류'로 주목을 받고 있다. 한류 열풍 중 가장 뜨거웠던 것은 '강남스타일'로 전 세계의 주목을 받은 가수 '싸이'가 아닐까. 조회수 26억 회(발행일 현재), 유튜브에서 싸이의 '강남스타일'이 조회된 숫자이다. 싸이 신드롬이라 할 수 있을만큼 반향을 일으켜 한국인 최초로 빌보드 차트 2위에 올랐으며 한류는 이제 열풍을 넘어 신드롬이 되었다. 이러한 일들이 가능했던 이유는 한류 문화 선봉장이라 할 수 있는 'YG엔터테인먼트'가 있었기에 가능하지 않았을까. 은행원에서 애널리스트, CJ그룹 E&M 전략팀, 엠넷미디어 전략기획팀장을 거친 후 현재 YG엔터테인먼트에 있는 최성준 운영총괄책임자coo에게 글로벌한 한류 열풍의 비결과 엔터테인먼트 산업의 전망에 대해 들어본다.

글로벌 한류 열풍의 비밀,
기본이 되는 핵심에 집중하라

◆ ◆ ◆

최근 전 세계를 휩쓴 한류 열풍으로 인해 엔터테인먼트 관련 회사들이 많이 생겨났으며, 과거에 비해 규모도 상당히 커졌다. 이 중 가장 많이 회자되고 있는 회사로는 '강남스타일' 신드롬의 주인공 싸이가 소속된 YG엔터테인먼트(이하 YG), 기획사 중 가장 큰 규모를 자랑하는 SM엔터테인먼트(이하 SM), 그리고 이들과 함께 3대 기획사 중 하나인 JYP(이하 JYP)엔터테인먼트가 있다.

기획사라는 곳이 워낙 대중적인 문화를 다루는 회사이다 보니 외부에서 이 3사를 비교·분석하는 경우가 많다. 각각의 기획사는 회사 대표의 경영 철학이 다른 만큼 서로 다른 개성과 특징을 갖고 있으며 소속 가수들의 모습에도 차이가 많다. 최근 어떤 TV 프로그램에서 각 기획사의 트레이닝 유형을 비교한 적이 있었는데, "YG의 경우 개성이 강한 연습생이 많아 대안학교로 표현되었고, SM은 칼군무와 많은 멤버 숫자로 인해 사관학교, JYP는 박진영 대표의 색깔이 많이 반영되어 홈스쿨링에 비유된다"라는 비교 분석을 하였다. 또 인터넷 상에서 젊은층들은 "YG는 외모보다는 실력과 개성을, JYP는 인성을 강조한다"라고도 말하고 있다. 이와 같이 서로 다르지만 각자의 색깔로 세 기획사는 국내뿐 아니라 아시아 젊은층의 많은 관심을 받고 있다.

직원 역량을 최고로 이끄는 멀티플라이어 리더

1997년에 1집을 발표한 지누션은 YG 소속으로 데뷔한 첫 번째 가수였으며, 우리나라에서 언더그라운드 장르였던 힙합을 대중음악 시장에 메인 장르로 들고 나온 첫 번째 힙합 듀오였다. 다음으로 힙합 장르 최초의 아이돌 그룹이라는 원타임이 데뷔했으며, R&B 및 소울 창법을 구사하는 거미와 소몰이 창법의 원조라고 할 수 있는 휘성 등도 이어서 데뷔했다.

그리고 당시 가수로 데뷔하기 힘든 외모라는 평을 받았던, 그래서 오로지 가창력만으로 승부했던 빅마마도 YG 소속이었으며, 최초의 고등학생 아이돌 가수였던 세븐도 YG의 가수였다. 그 후 획일적인 군무를 선보이던 남자 아이돌 그룹이 유행했을 때, YG에서는 각 멤버가 개성으로 똘똘 뭉친 빅뱅을 등장시켰다. 그리고 2009년에는 가장 'YG스럽다'는 평가를 받은 투애니원2NE1도 데뷔했다. 이처럼 YG의 과거 가수들을 소개할 때 '최초', '개성'이라는 단어를 많이 언급하게 된다.

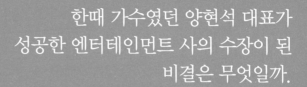

한때 가수였던 양현석 대표가
성공한 엔터테인먼트 사의 수장이 된
비결은 무엇일까.

그것은 유행을 따라가지 않고
그때까지 없었던 새로운
유행을 만들어 내는 일에
몰두했기 때문이다.

한때 현역 가수였던 양현석 대표가 YG와 같이 큰 엔터테인먼트 사의 수장이 될 수 있었던 가장 큰 원인은 무엇일까. 그것은 유행을 따라가지 않고 그때까지 없었던 새로운 유행을 만들어 내는 일에 몰두했기 때문일 것이다.

가수뿐 아니라 마케팅 기법도 새로운 것을 추구하기는 마찬가지였다. 한 예로 미니 앨범(당시에는 정규 앨범, 싱글 앨범 두가지뿐이었다), 트리플 타이틀(타이틀이 여러 곡, 일반적으로 타이틀은 하나의 앨범에 한 곡이다)이라는 것을 처음으로 시도한 것이 YG엔터테인먼트였다.

1990년대에 엄청난 인기를 한 몸에 받았던 서태지와 아이들은 YG의 양 대표가 몸담고 있던 그룹이었다. 이 그룹은 "대한민국 대중음악은 서태지와 아이들의 전과 후로 나뉜다"라는 평을 받을 정도로 우리나라 대중음악에 큰 영향을 주었다. 그러나 이들을 둘러싼 많은 이야기 가운데, 그룹의 99%는 서태지에 의해 이루어졌으며 양 대표와 또 다른 멤버인 이주노는 들러리 혹은 '아이들'에 해당된다며 혹평을 받기도 했었다.

양 대표는 이러한 이야기들을 잘 알고 있었고, 심지어 2014년 12월에 출연한 '힐링캠프'라는 TV 프로그램에서는 "나는 가수가 아니었다"라는 말을 하기도 했다. 그는 그룹이 해체된 후 계속 가수로 남아 있기보다 자신이 더 잘할 수 있는 프로듀서 쪽으로 눈을 돌려 1996년 YG엔터테인먼트를 설립했다. 초창기에는 직접 음악을 만들고 음반 제작에도 도전했지만, 각 분야에서 자신보다 실력이 뛰

"당신은 아티스트입니까,
아니면 경영자입니까?"라는
사람들의 질문에 양 대표는
다음과 같이 대답했다.

"나는 사람에게 투자하는 투자가입니다."

어난 사람들을 보고는 그들이 일을 더 잘 할 수 있는 환경을 만드는 것이 자신의 역할이라고 생각하고 바로 그 역할에 몰두했다.

"당신은 아티스트입니까, 아니면 경영자입니까?"라는 사람들의 질문에 양 대표는 다음과 같이 대답했다고 한다. "나는 사람에게 투자하는 투자가입니다."

그는 개개인이 갖고 있는 잠재력과 개성, 그들만의 장점을 찾아서 그것을 부각시키는 것이 자신의 일이라고 생각했다.

자신도 예전에 노래와 춤을 추었던 사람으로서 연습생 교육에 간섭하고 싶을 때가 있지만, 너무 많이 간섭할 경우 본래 그 사람이 가진 개성을 잃을 수 있으므로 적절히 관여하는 것을 그의 경영 철학으로 삼았다.

이러한 그의 이야기를 종합했을 때, 양 대표는 어떤 일을 일일이 지시하고 시키기보다 직원들의 재능을 발견하고 이끌어 주는 '멀티 플라이어Multiplier'에 해당한다고 볼 수 있다. 여기서 멀티플라이어란 상대의 역량을 최대로 끌어올려 조직의 생산성을 높이는 리더를 말한다.

글로벌 신드롬의 비결

2012년 8월 말 인터넷엔 온통 싸이 이야기로 떠들썩했다. 해외 유명 스타인 브리트니 스피어스Britney Spears, 케이티 페리Katy Perry 등이

그는 멀티플라이어다.
여기서 멀티플라이어란
상대의 역량을 최대로 끌어올려
조직의 생산성을 높이는 리더를 말한다.

싸이의 '강남스타일' 뮤직비디오에 나오는 말춤을 배우겠다는 의사를 트위터를 통해 공개적으로 밝혔고, 해외 유명 언론들은 싸이의 음악에 대한 기사를 매일같이 보도했다. 심지어 미국 유명 가수 저스틴 비버Justin Bieber 기획사와 합작해서 미국 활동을 공식적으로 움직이고 난 이후 싸이는 더 난리가 났다. 미국 NBC의 유명 쇼 프로그램 〈엘렌쇼The Ellen DeGeneres Show〉는 싸이 출연으로 최고 시청률을 기록했고, 〈투데이쇼 라이브TODAY Show Live〉 공연을 통해 미국에서의 유명세를 더 날렸다. 심지어 오바마 대통령도 싸이의 공연을 관람해서 화제가 되었는데, 이렇게 싸이가 세계적으로 큰 화제가 될 수 있었던 비결 중 하나는 바로 유튜브 채널의 적절한 활용이었다. '강남스타일' 뮤직비디오를 유튜브에 최초로 업로드하고 난 시점으로부터 한 달 후 조회수가 급격히 늘었으며 그 상승세를 이어온 결과 2016년 7월 기준 조회수 26억 회를 돌파했다. 유튜브와 SNS를 통한 입소문으로 싸이의 기발하고 유쾌한 뮤직비디오가 빠른 속도로 확산되었다.

전 세계 네티즌이 패러디하고 미국에서의 큰 인기로 전 세계적인 급물살을 탄 강남스타일 이전부터 원더걸스, 빅뱅, 소녀시대 등의 유명 아이돌 그룹들은 소셜네트워크서비스SNS, Social Network Service를 통해서 꾸준히 국내와 전 세계에 케이팝을 알리며 팬층을 두텁게 해왔다.

YG엔터테인먼트도 지난 2008년부터 유튜브에 공식 채널을 만들고 인터넷TV를 통해 자체 방송에 나섰다. YG소속 가수의 뮤직비디오는 온라인상에서 회자되며 인기를 얻었고, 유튜브에서 매번 조회 수 천만 회를 넘기는 수준이 되었다.

이후 YG는 별다른 홍보 없이 유튜브에 콘텐츠를 업로드하는 것만으로 전 세계에 아티스트를 홍보할 수 있었다. 한 가지 예로 가수 태양의 싱글 음반은 별다른 공식 활동 없이 캐나다 아이튠즈에서 음원 상위권을 차지하기도 했다.

그렇다면 아무도 예상치 못했던 싸이의 강남스타일 신드롬의 원인은 과연 무엇일까?

결과를 놓고 다양한 해석이 나왔다. '말춤'이 원시 시대부터 가장 인간과 친근한 동물인 말을 소재로 했기에 전 세계에 퍼질 수 있었다는 억지 논리도 있었지만, 국내 한 TV뉴스 프로그램에서 보도된 다음 내용이 비교적 적절한 해석이라고 평해지고 있다.

"세계적으로 크게 유행하는 음악 코드를 이용했고, 입에 착 감기면서 쉽게 따라 부를 수 있는 가사로 이루어져 있으며, 한국어 가사이지만 외국인들도 거부감 없이 받아들일 수 있었기 때문에 음악적으로도 인정받았다. 미국 팝 시장을 흔들고 있는 신예 가수 저스틴 비버의 매니저인 미국 음악계의 큰손이 먼저 러브콜을 보낸 것도 이와 무관하지 않다."

하재근 대중문화평론가는 "싸이의 캐릭터와 뮤직비디오는 웃기지만 음악은 전혀 웃기지 않다. 그리고 빌보드 최상위 10위권에 올

"싸이의 캐릭터와 뮤직비디오는 웃기지만
음악은 전혀 웃기지 않다.
그의 음악은 최고와 견줄만한
완성도를 갖추고 있었다."

라가는 클럽 댄스 음악에 전혀 뒤떨어지지 않는 완성도를 갖고 있기 때문에 싸이가 미국 시장에서 인정받은 것"이라고 평가하기도 했다.

싸이 신드롬의 세 가지 이유

'강남스타일 신드롬'은 다양한 요소들의 복합적인 영향으로 이뤄진 것이고, 싸이가 인터뷰에서 언급한 것처럼 무엇보다 운이 좋았다고 평할 수 있을 것이다.

YG 내부에서 이 신드롬을 지켜본 바로는 싸이 자신에게 찾아온 기회를 좋은 운으로 잡기까지 싸이가 오랜 기간 쏟아 부은 노력이 가장 큰 원인이라 믿지만, 보다 더 구체적인 원인을 세 가지만 언급해 보면 아래와 같다.

첫 번째 이유는 '강남스타일'이 가장 싸이다운 콘텐츠, 즉 싸이의 개성이 가장 많이 묻어나고 싸이가 가장 자신 있어 하는 분야였다는 점이다. 이것은 세계시장에 진출할 때 당시 유행하는 것을 따르기에 급급하기보다는 각각의 콘텐츠나 아티스트, 또는 제품의 두드러진 장점을 집중적으로 갈고 닦아 그 본질적인 경쟁력으로 승부하겠다는 YG의 전략과도 통하는 것이라고 할 수 있다. 콘텐츠 자체의 경쟁력이 높았기에 초반의 열풍이 계속 이어질 수 있는 원동력이 된 것이다.

두 번째 이유는 역시 유튜브 등의 소셜미디어 홍보 효과에서 찾아볼 수 있다. 강남스타일 발표 전까지만 해도 싸이는 국내에서는 톱스타였지만, 해외에서 인지도는 매우 낮은 가수였다. 그러한 가수가 전 세계적인 신드롬을 일으킬 수 있었던 것은 유튜브, 트위터 등의 초기 열풍으로 관심을 끌었기 때문이다.

이러한 초기 열풍에도 도약할 수 있는 발판이 마련되어 있어야 한다. 그 발판은 바로 한 가수에 열광하는 팬덤 문화였다. YG는 싸이의 신곡을 YG 소속 모든 가수의 팬덤들에게 알렸다.

YG의 역할은 여기까지였다. 그 후 이 노래는 팬덤의 소셜미디어를 통해 빠르게 확산되었으며, 이후 대중들에게 큰 파급력을 끼치는 파워 셀레브리티들에 의해 2차 3차 폭발적인 확산 전파가 진행되었다.

소셜미디어를 통해 많은 팬들과 소통할 통로를 만들어 놓은 엔터테인먼트 회사들은 양질의 콘텐츠 생산에만 집중하면, 세계의 대중으로부터 평가를 받을 기회를 쉽게 가질 수 있는 시대가 온 것이다.

마지막 이유로는 과감하게 밀어 붙이는 실행력을 꼽을 수 있다. 싸이가 뮤직비디오를 업로드하고 약 1개월 후부터 해외에서 반응이 일어났다. 이때 저스틴 비버의 매니저인 스쿠터 브라운이 러브콜을 보내왔다. YG 입장에서 유튜브를 통한 홍보에는 능했으나, 미국 본토의 방송시장을 공략하기에는 당시 YG의 역량이 부족하다는 것, 그리고 스쿠터 브라운이 파트너로서 적합하다고 판단하여

최근에는 유튜브와 SNS를
통해 좋은 콘텐츠를 소개하는
것만으로도 해외 진출이 가능한
세상이 되었다.

빠른 의사결정을 내렸다. 아마 대기업 시스템에서는 계약서 검토만 수개월이 걸렸을지 모른다.

YG의 역할이 소셜미디어에서 붐을 일으키는 것이었다면 '강남 스타일'이라는 콘텐츠가 해외 대중 매체에 소개될 수 있도록 매개체 역할을 한 것은 미국 유명 가수 저스틴 비버의 매니저이자 연예기획자인 스쿠터 브라운이었다. 싸이가 단순한 유튜브 스타로 끝난 것이 아니라 미국 TV 등에 출연하면서 대중적인 인기를 끌게 된 데에는 이와 같은 빠른 결단력도 한몫을 했다는 분석이다.

과거에 어떤 가수가 해외에 진출하려면 우선 한국에서의 활동을 접고 그 나라로 직접 가서 그 나라 매니지먼트 회사를 통해 미디어에 출연하는 과정을 거쳐야 했다. 하지만 최근에는 유튜브와 SNS를 통해 좋은 콘텐츠를 소개하는 것만으로도 해외 진출이 가능한 세상이 되었다.

세상은 빠르게 변해가고 있고 온라인을 통한 문화적 확산이 무섭도록 퍼져가고 있다. 한류 문화로 전 세계에 새로운 바람을 일으키는 대한민국의 다양한 문화 산업들이 새롭게 생겨나는 온라인 매체들을 통해서 확산되어가길 바란다. 그래서 가수 싸이가 전 세계를 들썩이게 했듯이 세계를 움직이는 파도 꼭대기에 한류가 존재하길 바란다.

» 유행을 따라가지 않고 그때까지 없었던 새로운 유행을 만들어 내는 일에 몰두해야 한다.

» 한 조직의 수장일 경우, 본인보다 뛰어난 인재들을 인정하고 인재들이 일을 잘할 수 있는 환경을 만들어줘야 한다.

» 사람에게 투자하는 투자가가 되어라.

» 개개인이 갖고 있는 잠재력과 개성, 그들만의 장점을 찾아서 그것을 발견하고 이끌어주는, 상대의 역량을 최대로 끌어올려 조직의 생산성을 높이는 리더인 멀티플라이어가 되어라.

» 세계 시장에서 성공하고자 한다면 가장 잘할 수 있는 분야와 기술을 집중적으로 갈고 닦아 승부하는, 콘텐츠 집중 개발 전략을 활용하라.

» 새로운 마케팅 채널, 소셜미디어를 적극 도입하라.

» 빠른 결단과 실행력이 성공의 지름길이다.

03

뛰어난 전략가로 역사에 길이 남는 이들이 있다. 류성룡이나 제갈량, 그들은 시대가 지나도 길이길이 이름을 빛내는 인물들이다. 지략에 뛰어난 이들이 세상을 주도하는 큰 흐름을 만들어 낸다. 뛰어난 리더가 되려면 뛰어난 전략이 반드시 따라와야 한다. 기업에서 뛰어난 전략으로 위대한 성과를 창출하기 위해서는 수많은 전문가들의 연구가 큰 힘이 된다. 여기 심리학적으로 인사조직적으로 디자인적으로 브랜딩적으로 뛰어난 전략을 제시하는 전문가들의 조언에 귀를 기울여본다.

혁신

리더는 어떻게
뛰어난
전략가가 되는가

김경일

최동석

에린조

장대련

김
경
일

아주대학교 심리학과 교수

리더들은 자신이 이끄는 조직을 발전시키기 위해 많은 노력을 기울인다. 대부분은 구성원들의 역량을 기르는 데 초점을 맞추며, 이때 사소한 상황 변화가 역량 발휘에 어떤 영향을 미치는지 아는 리더는 별로 없다. 이런 인지심리학에 대한 권위자이자 학생들 사이에서 최우수 강의 교수로 선정되기도 했으며, 수많은 기업에서 강연과 자문 활동을 왕성하게 펼치고 있는 전문가가 있다. 인지심리학 분야의 세계적 석학의 지도하에 미국 텍사스 주립대학교 심리학과에서 박사학위를 받은 김경일 아주대학교 심리학과 교수는 인간의 두 욕망인 접근 동기와 회피 동기를 파악해 상황을 변화시킴으로써 사람들의 역량을 최고로 이끌어 내는 방법을 제시한다.

당신은 어떤 리더인가?
이끌지 말고 따르게 하라

• • •

인지는 사람의 생각이다. 그래서 인지심리학 분야에서는 사람의 생각을 끊임없이 분해해서 연구한다. 그런데 이렇게 인간의 생각을 분해하는 연구에 관심을 가진 분야가 또 있다. 바로 컴퓨터과학이다. 이에 두 분야에서 협업이 이루어졌으며 그렇게 탄생한 것이 바로 인공지능 분야이다.

인공지능에 관한 연구 중 컴퓨터와 인간 생각의 작동 방식을 비교한 것이 있는데 내용이 꽤 흥미롭다. 컴퓨터의 경우 경험과 데이터가 누적됨에 따라 더 정밀해지고 우수해지는 데 비해 인간은 이상해지기 시작한 것이다.

다음은 컴퓨터와 사람이 얼마나 다른 방식으로 생각하는지 알아본 실험이다. 질문에 '예' 또는 '아니오'로만 대답해 보자. '대한민국 수도의 이름을 알고 있다', '과테말라에서 7번째로 큰 도시 이름을 알고 있다' 등의 질문은 대부분의 사람들이 인지하고서 처음에는 '예', 다음에는 '아니오'라고 대답할 것이다. 여기서 인간만 갖고 있는 독특한 모습이 나타난다. 그것은 바로 '모른다'는 대답이 안다는 대답만큼 빨리 안 나온다는 것이다.

컴퓨터는 모른다는 답을 내놓기 위해 시스템 내부 정보를 100% 찾아봐야 하므로 모른다는 대답이 안다는 대답보다 느릴 수밖에 없다. 그러나 인간은 자신의 뇌, 즉 하드디스크를 검색하지 않아도 바로 대답할 수 있다. 이것은 매우 독특한 기능이다. 인간이 이러한 기능을 가질 수 있는 이유는 '상황'이라는 것을 판단의 기반으로 삼아 사용하기 때문이다.

우리는 '대한민국'이라는 말을 듣자마자 익숙하다고 느낀다. 그러나 '과테말라'는 낯선 상황이라고 느낀다. 즉 익숙하다는 것은 '안다' 또는 '할 수 있다'로 연결되고, 낯설다는 것은 '모른다' 또는 '할 수 없다'로 연결되기 때문에 판단이 용이해지는 것이다. 이와 같이 인간에게는 상황이라는 엄청난 단서들이 작용한다.

인간은 상황이 달라지면 변하게 된다. 이것은 이 시대의 리더들에게 중요한 의미이다. 왜냐하면 리더들은 조직원들의 역량을 기르기 위해 노력해 왔으며, 상황의 힘은 약간의 변화만으로도 이 역량의 힘을 배가시키거나 감소시킬 수 있기 때문이다.

적절한 상황 조절로 역량 키우기

상황을 어떻게 설계하느냐에 따라 비슷한 역량을 가진 아이들이

리더는 상황의 변화를 통해
조직원들의 역량을
배가시키거나
감소시킬 수 있다.

매우 다른 결과를 맞이할 수 있다. 예컨대 초등학교 3학년 1반에서 4반까지 비슷한 역량을 가진 아이들을 대상으로 말의 순서와 시간만 살짝 바꾸는 식의 상황 변화를 통해 1반은 평범한 아이들, 2반은 똑똑하고 창의적인 아이들, 3반은 국가대표 수준의 아이들, 4반은 전 세계에서 가장 창의적인 아이들이 될 수 있는 것이다. 다음은 경남 창원의 평범한 초등학교에 다니는 3학년 학생들을 대상으로 실제 실험을 통해 얻은 결과이다.

먼저 3학년 1반 아이들에게 사각형, 원뿔, 타원, 구부러진 철사와 같이 다양한 도형들을 보여주고 이 도형들 중 5개씩 선택해서 새롭고 신기한 것을 만들어 보라고 한다.

이 경우 아이들은 대부분 익숙한 도형을 선택하게 되는데 남자아이들의 대부분은 기차나 자동차를, 여자아이들의 대부분은 집을 만든다. 이런 결과를 놓고 보면 아이들에게 창의성은 찾아볼 수 없으며 천편일률적이라는 평가를 내릴 수 있다.

다음에 3학년 2반에서는 우선 마음에 드는 도형 5개를 고르라고 한다. 이 경우 아이들은 여기가 끝이라고 생각하고 1반 아이들보다 더 특이한 도형을 고른다. 이제 그 도형들로 새롭고 신기한 것을 만들어 보라고 한다. 아이들은 불만을 토로하지만, 일단 같은 모양은 거의 나오지 않으며 꽤 재밌는 형태들을 만들어내기 시작한다.

3학년 3반에서는 처음에 이 도형들을 커튼으로 가려놓는다. 그리고 말의 순서를 바꿔 새롭고 신기한 것을 만든다면 어떤 물건을 만들고 싶은지 물어본다. 그러면 지구 평화를 지키는 로봇, 남북을 통일하는 프로그램, 영원히 충전하지 않아도 되는 휴대폰과 같이 엄청난 물건들이 쏟아져 나온다. 아이들의 말을 다 듣고 난 후 커튼을 올리고 각자 말한 것을 여기서 5개씩 선택해 만들라고 말한다.

마지막으로 4반에서는 커튼으로 가려 놓고 질문한 후 도형 중 5개씩 골라서 만들라고 하는 부분까지는 3반과 같지만, 그 다음에 옆 사람과 도형을 바꾸라고 한다. 창의력 전문 평가관이 이 작품들의 점수를 매겨 보니, 놀랍게도 같은 도형으로 세계 학생 창의력 올림피아드에서 금메달을 딴 아이들이 만든 작품보다 3반, 4반 아이들의 작품 점수가 더 높게 나왔다.

이 실험에서 역량보다 더 무서운 것이 상황이라는 것을 알 수 있다. 물론 사람이 갖고 있는 고유 역량을 개발해 더 뛰어나게 만드는 것도 중요하다. 하지만 우리는 지금까지 개인 역량 개발에만 초점을 맞췄으며 상황을 바꿔 그 사람이 뛰어난 생각을 하도록 만드는 데는 큰 관심이 없었다. 왜냐하면 이전에는 상황을 설계할 수 없었기 때문이다.

인간의 두 가지 욕망, 접근과 회피

그렇다면 상황을 이용해 사람들의 역량을 최고치로 끌어올릴 수 있는 최적의 환경은 어떻게 설계해야 할까. 여기서 우리는 인간의

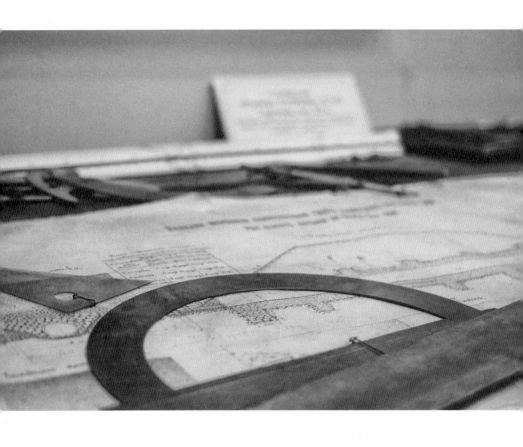

이젠 개인의 고유 역량 개발보다
상황 설계를 통해
뛰어난 인재를 만들 수 있음에
주목해야 한다.

욕망에 주목해야 한다. 인간의 욕망은 두 방향으로 나뉜다.

첫 번째는 자신이 바라고 소망하는 일이 이루어지기를 바라는 방향, 이것을 심리학자들은 '접근'이라고 한다. 두 번째는 어떤 일만큼은 일어나지 않기를 바라는 방향, 즉 '회피'이다. 접근의 동기는 좋아하고 바라는 일을 일어나게 하고 싶은 생각이므로 그 일이 일어났을 경우 기쁨을, 일어나지 않았을 경우 슬픔을 느끼게 된다. 반대로 회피의 동기는 두려워하고 싫어하는 일이 일어나지 않도록 하고 싶은 것이므로 그 일이 일어났을 경우 불안과 공포를, 일어나지 않았을 경우 안도감과 평화를 느끼게 된다.

접근 동기와 회피 동기가 중요한 이유는 나머지 모든 상황과 결과가 같아도 이 두 가지 욕망이 다를 경우 전혀 다른 상황을 마주하게 되기 때문이다. 즉 접근 동기로 시작한 사람은 결과에 따라 기쁨과 슬픔 중 하나를, 회피 동기로 시작한 사람은 결과에 따라 안도와 불안 중 하나를 느끼게 된다. 따라서 사람들에게 일을 시키거나 대화를 할 때는 각 상황에 적합한 방법으로 접근해야 한다. 만약 그 방법이 틀렸을 경우 실패와 갈등이라는 결과가 도출될 수 있다.

주관적인 시간의 차이, 자극할 동기도 다르다

그렇다면 어떤 일을 접근 동기로, 어떤 일을 회피 동기로 해야 할까. 우선 상황이 변하는 원인 중 '시간'에 대해 살펴보자. 우리가 하는 작업 중에는 먼 미래에 결과가 나오므로 오랫동안 꾸준히 진행해야 하는 일과 지금 당장 해야 하는 일이 있다. 이 두 가지 일의 가장 큰 차이는 일을 하는 시간이다. 시간과 욕망 사이의 상관관계를 연구해 보니 길게 해야 하는 일은 접근 동기, 즉 그 사람이 좋아하는 것을 알아내서 자극해야 하는 것이고 지금 당장 해야 하는 일은 회피 동기, 즉 그 사람이 무엇을 싫어하는지부터 챙겨야 한다는 결과가 나왔다.

한 가지 더 기억해야 할 부분이 있다. 객관적으로 같은 시간이라도 사람들은 주관에 따라 그 시간을 각각 다르게 느낀다는 사실이다. 여기서 문제가 발생하게 된다.

엄마와 고등학교 1학년인 아들을 예로 들어 보자. 아들이 대학에 가려면 3년 동안 열심히 공부해야 하는데 이 나이 또래의 아이들에게 3년은 엄청나게 긴 시간이다. 그러나 엄마는 그렇게 생각하지 않는다. 따라서 "낙오자가 되지 않으려면, 잉여 인간이 되지 않으려면 공부 열심히 해야 한다" 등과 같이 아이의 회피 동기를 자극하게 된다. 물론 아이는 이러한 메시지로 힘을 얻지 못한다. 그렇게 되지 않기 위해 엄청나게 긴 시간을 버틸 자신이 없기 때문이다.

리더와 구성원 사이도 마찬가지다. 이제 일을 막 시작한 사람들은 아직 젊고 경험이 짧다. 따라서 같은 작업 시간이라도 길게 느껴진다. 그런데 리더들은 충분한 경험을 갖고 있으며 나이도 많다. 그래서 접근 동기를 바라는 새내기들에게 회피 동기를 자극한다.

상황을 이용해 사람들의 역량을
최고치로 끌어올릴 수 있는 최적의 환경은
어떻게 설계해야 할까.

우리는 '접근'과 '회피'라는 인간의 두 가지
욕망에 주목해야 한다.

지금 당장 필요한 일을
하게 만들 때는
그것을 해냈을 때
좋아진다는 메시지보다
그 일을 잘 해내지
못했을 때 치러야 하는
대가에 대해 구체적으로
정보를 주고받으면
작업이 더 효율적으로
진행된다.

반대로 지금 당장 해야 하는 일에 회피 동기가 아닌 접근 동기를 자극하는 경우도 있다. 지금 당장 해야 하는 일은 성취 지향적이라기보다는 안 좋은 결과를 막아내기 위한 예방적인 성격이 강하다. 이러한 성격의 작업을 시킬 때 접근 동기를 자극하면 이상해진다. 예방주사를 맞기 싫다고 우는 아이에게 사탕을 주겠다고 어르는 것보다 주사를 맞지 않았을 때 더 안 좋은 일이 일어날 것이라고 하는 편이 더 효과적이다. 예를 들어 주사를 맞지 않으면 아빠에게 크게 혼이 날 것이라는 식으로 엄포를 놓는 것이 더 효과적인 경우와 일맥상통하는 것이다.

즉 지금 당장 필요한 일을 하게 만들 때는 그것을 해냈을 때 좋아진다는 메시지보다 그 일을 잘 해내지 못했을 때 치러야 하는 대가에 대해 구체적으로 정보를 주고받으면 작업이 더 효율적으로 진행된다.

고객이 싫어하는 것보다 '감동' 요인에 집중하라

두 번째로, 문화적인 부분과 관련된 인간의 자아와 두 동기의 연관성에 대해 살펴본다. 인간의 자아는 '나'와 '우리' 두 가지로 나뉜다. 다음은 그 차이에 대해 실험한 내용이다.

우선 사람들을 두 그룹으로 나눈 후 한쪽 그룹에는 나에게 지난 1년 동안 일어난 일을 30분 동안 적으라고 한다. 이때 주인공은 '나'이다. 그리고 다른 그룹에는 가족(기업의 경우 부서)에게 지난 1년 동안 일어났던 일을 30분간 적으라고 한다. 이때의 주인공은 '우리'이다.

30분 후 두 그룹 사람들에게 "자신에게 가장 중요한 가치가 무엇인가"라고 질문했더니 재미있게도 '나'를 주인공으로 글을 썼던 사람들은 '행복, 기쁨, 만족'이라고 대답했다. 접근동기의 가치가 더 활성화된 것이다. 그리고 '우리'를 주인공으로 글을 썼던 학생들은 대부분 안전, 평화라고 대답했다. 회피 동기의 가치이다. 이와 같이 '나'는 접근 동기와, '우리'는 회피 동기와 연관되어 있다.

대한민국은 회피 동기와 관련된 '우리'라는 말을 전 세계에서 가장 많이 사용하는 나라이다. 즉 우리는 조직 관계 속에서 극단적인 회피 사회를 이루고 있다는 의미이다. 회피 동기는 싫어하는 것을 막아 내는 것이다. 우리나라 사람은 회피 동기가 발달돼 있으므로 상대가 무엇을 싫어하는지는 잘 파악한다. 그러나 접근 동기가 약하다 보니 그 사람이 좋아하는 것에 대해서는 무지하다.

그래서 우리나라에만 있는 독특한 착각이 하나 있다. 그것은 상대가 무엇을 싫어하는지 알아낸 후 그것을 막아내거나 없애 주면 그 사람이 좋아하고 기뻐할 것이라고 생각한다는 것이다. 즉 자신은 회피 동기에 관련된 일을 해 놓고 상대방의 접근 동기를 충족시킬 수 있을 것이라고 착각한다는 것이다.

수많은 기업의 마케팅 관련 부서 사람들이 파악해 놓은 소비자 니즈를 살펴보면 소비자들이 싫어하는 것을 파악해 둔 경우가 대

역량의 최대치를 끌어올리기 위해
접근과 회피의 스위치를 조절해서
인간의 욕망에 근거한 상황설계를 하는 것,
그 어떤 것보다 지혜롭고 효과적인 투자이다.

고객 감동을 이끌어내려면
고객이 싫어하는 것 대신
좋아하는 것을 파악하라.

부분이다. 그러나 그것을 다 막아 낸다고 해도 '고객 감동'을 이끌어 낼 수는 없다. 고객을 안심시킬 수 있을 뿐이다. 상대가 무엇을 좋아하는지 모르므로 그 사람을 기쁘게 하거나 감동시킬 수 없다. 감동은 사소한 것이라도 그 사람이 내가 좋아하는 것을 기억해 줬을 때 이루어진다.

접근 동기와 회피 동기를 응용해야

사람들은 접근 동기를 자극받을 경우 행복해지기 위한 '기회'를 중요한 가치로 생각한다. 따라서 그 기회를 늘리기 위해 기꺼이 경우의 수를 늘린다. 그리고 회피 동기를 자극받으면 '후회하지 않는 것'을 중요하다고 생각하게 된다. 후회를 막기 위해서는 변화의 양을 줄여야 하고, 변화의 양을 줄이려면 경우의 수를 줄여야 한다. 그리고 자신의 눈을 더 정밀하게 만들어야 한다. 이와 같이 넓고 기회 지향적인 일에는 접근 동기가, 정밀하고 구체적인 시각이 필요한 일에는 회피 동기가 필요하다. 놀라운 사실은 이것이 물리적인 환경과도 정확하게 연동된다는 것이다.

천장이 높고 면적이 넓은 공간에서 접근 동기를 자극해 새로운 아이디어를 내도록 할 경우, 사람들의 역량이 최대한 발휘된다. 또한 낮고 좁은 공간에서 회피 동기를 자극해 정밀한 일이나 실수하면 안 되는 일을 시킬 경우 이 또한 최대의 역량이 발휘된다.

천장이 높고 면적이 넓은 공간에서
접근 동기를 자극해 새로운
아이디어를 내도록 할 경우,
사람들의 역량이 최대한 발휘된다.

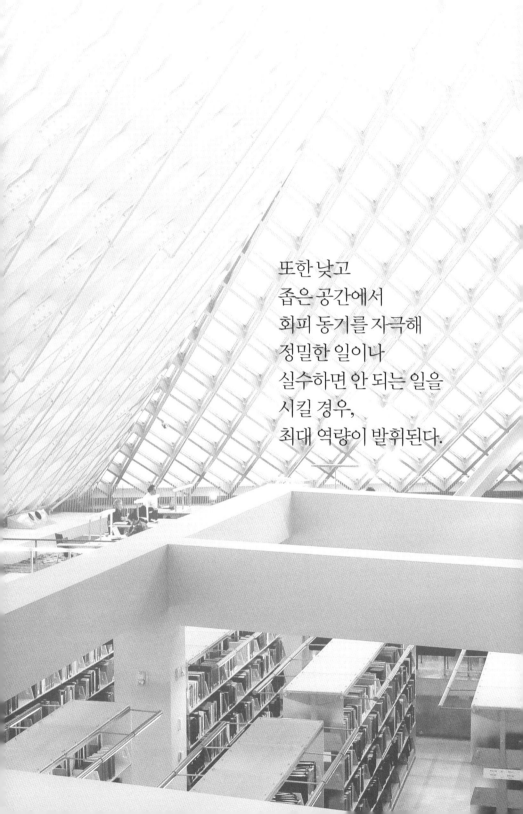

또한 낮고
좁은 공간에서
회피 동기를 자극해
정밀한 일이나
실수하면 안 되는 일을
시킬 경우,
최대 역량이 발휘된다.

심지어 용서하는 방법도 접근 동기형과 회피 동기형으로 나뉜다. 접근 동기를 충족하는 관계에서 상대가 나를 배신해 용서해야 한다면 그에 맞는 접근 동기형 용서가 이루어져야 한다. 이 경우 "나는 당신을 한 번 더 믿는다"는 추상적인 한마디면 된다.

그러나 이 관계가 회피 동기를 충족하는 관계라면, 즉 일어나서는 안 되는 일을 잘 막아내야 하는 관계라면 용서하는 사람이 이와 같이 말할 경우 무책임해질 수 있다. 이때 규칙을 여러 개 만든 후 상대방을 돕겠다고 하면서 그 규칙을 지키도록 하면 상대는 자신이 진정으로 용서받았다고 생각한다.

사람의 역량을 키우는 것은 중요하지만 힘든 과정이다. 그러나 역량의 최대치를 끌어올리도록 상황을 바꾸는 것은 사소해 보이지만 가장 효과적이고 용이하며 지혜로운 투자이다. 이 상황 변화 및 설계에서 가장 중요하게 생각해야 할 부분은 인간의 욕망이며, 두 욕망의 축인 접근과 회피의 스위치를 필요할 때마다 조절한다면 작은 변화만으로도 큰 성과를 얻을 수 있을 것이다.

›› 인간은 상황이 달라지면 변하게 된다. 이것은 이 시대의 리더들에게 중요한 의미이다. 왜냐하면 리더들은 조직원들의 역량을 기르기 위해 노력해 왔으며, 상황의 힘은 약간의 변화만으로도 이 역량의 힘을 배가하거나 감소시킬 수 있기 때문이다.

›› 상황을 어떻게 설계하느냐에 따라 비슷한 역량을 가진 조직원들이 매우 다른 결과를 맞이할 수 있다. 역량보다 더 무서운 것이 상황이라는 것을 알 수 있다. 물론 사람이 갖고 있는 고유 역량을 개발해 더 뛰어나게 만드는 것도 중요하지만 그 사람이 뛰어난 생각을 하도록 상황을 설계하는 것도 중요하다.

›› 사람들의 역량을 최고치로 끌어올릴 수 있는 최적의 환경을 설계하고자 한다면 우리는 인간의 두 가지 욕망, '접근'과 '회피'에 주목해야 한다.

›› 지금 당장 필요한 일을 하게 만들 때는 그것을 해냈을 때 좋아진다는 메시지보다 그 일을 잘 해내지 못했을 때 치러야 하는 대가에 대해 구체적으로 정보를 주고받으면 작업이 더 효율적으로 진행된다.

›› 사람의 역량을 키우는 것은 중요하지만 힘든 과정이다. 그러나 역량의 최대치를 끌어올리도록 상황을 바꾸는 것은 사소해 보이지만 가장 효과적이며 지혜로운 투자이다.

최 동 석

최동석인사조직연구소 소장

급변하는 경영 환경 속에서 지속 성장을 하기 위해서는 인간과 조직, 경영과 리더십에 대한 기본 전제부터 다시 검토해야 한다. 인간에 대한 철학적 사유를 바탕으로 심리학적, 경영학적 접근을 통해 인간의 마음과 영혼에 대한 새로운 처방이 필요하다. 독일 기센대학교에서 경영학 석사와 박사학위를 받고 한국은행을 거친 후 크고 작은 조직에서 경영자 및 경영컨설턴트로 활동, 현재는 '최동석인사조직연구소'를 운영하며 인간과 조직에 대한 연구를 통해 성과 관리, 역량 관리, 리더십 개발 등을 연구 중인 최동석 소장은 "경영은 '인간의 실존'을 인식하는 관점에 기반을 두어야 한다"고 강조했다. 그가 말하는 인간 존중의 경영이 무엇인지 알아보자.

영혼의 능력을 발휘할
경영 시스템을 구축하라

◆ ◆ ◆

오늘날의 경영학은 인간 존중의 성찰에 기반을 두지 않은 학문으로 변질되었다. 그 바람에 자본을 부풀릴 수 있는 '자원Resource'으로서의 가치밖에 없는 것으로 인간을 파악한다. 경영자들은 인간을 오로지 숫자로 보며 우리의 비극은 여기서 시작된다.

경영자의 정신적 토대가 변화하는 것, 즉 인간을 바라보는 관점에 근본적인 변화가 없이는 그 어떤 구조적, 시스템적 변화도 효과를 발휘하지 못한다. 인간을 자원으로 보는 관점에서는 조직의 구조가 아무리 바뀌어도 자원 그 이상의 대접을 받을 수 없다. 매출이나 이익을 내는 수단으로 간주될 뿐이며, 그저 노동 시장에서 거래되는 상품으로 전락하는 것이다.

영혼의 능력을 외면하는 시대

하지만 인간이란 영혼의 능력을 최대한 발휘하려는 실존적 존재다. 따라서 영혼의 능력이 우리의 삶에서 발현될 수 있도록 한다면 누구나 창조적이고도 행복한 삶을 살아갈 수 있을 것이다. 기업 조직도 인간이 실존적 존재라는 사실을 인식하여 구성원들에게 영혼의 능력을 맘껏 발휘할 수 있도록 한다면 풍요로운 결실을 향유할 수 있을 것이다.

영혼의 능력이란 임마누엘 칸트_{Immanual Kant}의 말대로 순수한 이성에 의한 옳고 그름, 선과 악, 아름다움과 추함을 분별할 수 있는 인간에게만 있는 고유한 능력이다. 구성원들이 이런 능력을 맘껏 발휘할 때 기업조직은 보다 생산적이고, 창의적이 될 것이다.

세상을 발전시키려는 영혼의 능력은 인류 역사에서 거대한 문명을 일으켰는데, 그중 하나가 산업혁명이었다. 18세기 후반 영국에서 시작된 제1차 산업혁명, '인더스트리4.0'은 수천 년 동안 근육의 힘으로 생산하던 것을 거대한 증기기관으로 대체되어 생산성이 크게 증대되었다.

19세기 말, '인더스트리2.0'에는 전기가 발명되어 생산성이 더욱 급격하게 높아졌다. 이후 1970년대, '인더스트리3.0'에는 컴퓨터가 등장하면서 디지털 혁명이 일어났고, 모든 생산성이 기하급수적으로 커지게 되었다.

현재 우리는 제4차 산업혁명, '인더스트리4.0'에 초입에 와있다. CPS_{Cyber Physical System, 가상 물리 시스템}는 생산방식의 근본적인 변화를 몰고 왔고, IoT_{Internet of Things, 사물인터넷}, IoS_{Internet of Services, 사물기반 인터넷 서비스}

인간이란 영혼의 능력을
최대한 발휘하려는 실존적 존재다.
기업 경영도 그것에 기반을 두어야 한다.

등 인터넷을 통해 모든 사물들이 인간의 명시적인 개입과 명령 없이도 스스로 상호작용함으로써 인간이 원하는 바를 이루어 내는 IoE_{Internet of Everything, 만물인터넷} 시대가 머지않아 도래할 것이다.

하지만 역사학자들의 연구에 따르면 생산성이 증대된 것만큼 인간의 삶의 질이 향상되지는 않았다. 오히려 중세시대 사람들이 현재를 사는 우리들보다 더 행복한 삶을 누렸다는 것이다.

현재를 사는 우리들은 생산성은 향상됐는데 밤늦게까지 일하지 않으면 안 되는 현실 속에서 여전히 미래가 불안한 공포스러운 상황에 처해 있다. 그렇다면 우리는 무엇을 위해 지금까지 열심히 생산성을 향상시켜 온 것일까.

이제 우리는 자기 성찰을 해야 하는 시점에 도달했다. 생산성 향상은 계속되어야 하지만 그에 따라 삶의 풍요로움도 동반되어야 하기 때문이다. '어떻게 생산할 것인가'가 아니라 '무엇을 생산할 것인가'를 고심해야 하는 시기가 온 것이다.

인간을 어떻게 볼 것인가

여기 인간과 볼펜이 있는데, 두 가지를 두고 예를 들어서 철학적으로 고찰해 보면 다음과 같다. 둘의 본질을 논하기에 앞서 우선 '본질'이라는 단어의 의미부터 살펴볼 필요가 있다. 사전적 의미로 본질은 본래부터 가지고 있는 고유한 속성, 즉 불변하는 성질을 의미

한다. 이것은 '과학적 분석'에 해당된다 할 수 있겠다.

한편으로 존재 목적, 존재 이유라는 '철학적 사유'로도 본질을 생각할 수 있다. 앞서 말한 볼펜을 과학적으로 분석하면 결국 작은 알갱이, 즉 원자로 환원되며, 철학적으로 존재 목적을 살피면 '기록'이라고 할 수 있겠다.

이런 방식으로 '인간'을 분석해 보자. 인간이란 도대체 무엇인가. 인간도 역시 과학적으로 분석하면 결국 원자로 환원된다. 그러나 볼펜도 인간도 원자로 환원되기 때문에 같은 존재라는 말은 성립되지 않는다. 인간에게는 인간만이 가지는 독특한 특성이 있기 때문이다.

소크라테스부터 수많은 철학자들은 인간만이 가지는 그 독특한 특성이 무엇인지 알아내기 위해 인간의 의미에 대해 사유해 왔다.

그리고 인간 존재에 대한 의미를 찾기 위해 '존재Being'와 '본질Essence' 사이를 구분할 수 있는 '실존Existence'이란 새로운 개념을 만들어냈다. 여기서 인간이 무엇인지 규명하려면 '존재하는 것'과 '실존하는 것' 사이의 차이를 알아야 한다. 같은 공간이라도 작품을 걸어놓으면 전시장이 되고 연예인들이 와서 춤을 추면 공연장이 된다.

즉 실존하는 인간이 주변에 만나는 사물들에 대해 어떤 가치와 목적, 의미를 부여하느냐에 따라 본질이 달라진다.

인간에게만 존재하는 그 '무엇'은 곧 실존이자 영혼이다. 19세기 전반을 살았던 키에르케고르Kierkegaard는 1849년 《죽음에 이르는 병》에서 서론을 지나 본론의 첫 문단이 이렇게 시작된다.

"인간은 정신이다. 정신이란 무엇인가. 정신이란 자기_{自己}다. 자기는 무엇인가. 자기란 자기 자신과 관계하는 관계, 바꾸어 말하면 관계에 있어서 그 관계가 자기 자신에게 관계하는 것을 말한다. 따라서 자기는 관계가 아니고, 관계가 자기 자신과 관계하는 관계다."

이 책을 통해 키에르케고르는 세계적인 철학자 반열에 올랐는데, 이 글을 정리하면 그의 철학에서 중시되는 것은 인간, 정신, 자기, 관계의 4가지 키워드로 압축해 볼 수 있다.

영혼의 능력을 발휘하라

인간은 곧 '정신'이다. 물질로 환원되지 않는, 생물학적으로 분석할 수 있는 대상이 아니라는 것이다. 정신은 또 '자기'다. 어떤 행동을 하려면 반드시 그 행동을 할 수 있는 능력이 있어야 한다. 소위 지식, 스킬, 태도 등이다.

이러한 능력은 그 사람이 가지고 있는 가치와 신념 체계에 따라 달라지는데 이는 자신의 사회적 역할을 어떻게 인식하느냐는 자기 정체성에서 비롯된다. 그리고 자기 정체성은 결국 종교적 영역인 영성에서 나온다. 가치와 신념은 심리학 영역에서 연구되며, 자기 정체성은 철학에서 그리고 정체성의 근거가 되는 영성은 종교의 영역으로 구분된다.

결국 '자기'란 영혼의 능력이 발현되는 것을 말한다. 인간의 영혼이 능력을 발휘해서 사회적 역할을 올바르게 하고 가치와 신념을 실현해 나가도록 하는 것이다.

키에르케고르의 사상은 철학과 신학에 영향을 주어 마틴 부버 Martin Buber, 알베르 카뮈Albert Camus, 모리스 메를로-퐁티Maurice Merleau-Ponty , 장 폴 사르트르Jean Paul Sartre, 마틴 하이데거 Martin Heidegger 등 수많은 현대 사상가들에게 직접적인 영향을 미쳤다.

문학에서는 호르헤 루이스 보르헤스Jorge Luis Borges, 헤르만 헤세 Hermann Hesse, 프란츠 카프카Franz Kafka, 라이너 마리아 릴케Rainer Maria Rilke 등에, 심리학에서는 빅터 프랭클Viktor Frankl, 에리히 프롬Erich Pinchas Fromm 등의 위대한 천재들에게 영향을 미쳤다. 이처럼 21세기를 살아가는 현대인들은 키에르케고르의 실존주의적 사상의 영향을 받고 살아가고 있다고 해도 과언이 아닐 것이다.

키에르케고르의 영향을 받은 이들 중 장 폴 사르트르는 청소년 시절에 제1차 세계대전을 겪었고, 철학자가 되고 나서는 제2차 세계대전을 겪었다.

사르트르는 참혹한 전쟁을 직접 경험한 후 키에르케고르의 사색에서 한 발 더 나아가 인간의 존재란 무엇인가에 대해 깊이 생각하게 된다. 그리고 1943년에 출간한 저서 《존재와 무Etre et le Neant》에서 그는 "존재하는 것이 있고 존재하지 않는 것이 있다"라고 말한다.

무언가 존재한다는 것은 존재하지 않는 상태가 있기 때문에 존재할 수 있다. 지금 우리가 숨을 쉬고 살아있다는 것은 죽을 수 있음을 전제로 하기에 살아있다는 것에 가치를 부여할 수 있는 것이다.

여기서 '무無'라는 것은 어떠한 제약이나 제한, 어떠한 지시나 명령도 구속도 없는 상태를 말한다. 즉 인간의 실존, 영혼, 자기라는 것은 무의 상태로서 어떤 제약이나 명령, 구속도 없는 상태에 있는 것이다. 따라서 모든 인간은 실존적으로 평등하고 실존으로 인해 자유롭다. 그래서 사르트르는 '절대 자유'라는 말을 썼다. 인간에게는 어떤 구속도 있어서는 안 된다는 것이다.

실존에는 자유와 책임이 따른다

인간은 실존하기 때문에 어떠한 명령도 규제도 없는 절대 자유 상태에 있다. 그럼에도 불구하고 인간은 자기 스스로를 자원으로 본다.

흔히 경영학에서 말하는 인적자원 관리, 즉 '휴먼 리소스 매니지먼트Human Resource Management'는 결국 어떠한 목적을 위한 수단에 불과하다. 그러나 철학에선 '인간은 그 존재 자체를 위한 존재'라고 말하며 사람을 중요시한다. 따라서 사람을 존중하는 경영인 '휴먼 리스펙트 매니지먼트Human Respect Management'가 이루어져야 할 것이다. '자유가 있다'는 말은 다시 말해 매순간 무엇인가를 선택해야 한다는 뜻이다. 또한 선택의 결과는 다른 사람에게 전가할 수 없으며 본인 스스로 책임을 져야 한다.

리더십의 본질은 생명력을 불어넣는
시스템 구축에 있다.

이제는 영혼의 능력을 발휘할 수 있는
시스템을 구축해야 한다.

때문에 사르트르를 비롯한 실존주의 철학자들은 "인간은 자유라고 하는 영원한 형벌에 처해진 존재"라고 말한다. 실존적 인간이라는 것은 인간에게 무거운 책임이 주어진 것이다. 우리 사회를 둘러보자. 우리는 정말 실존적 삶을 살고 있는가. 책임자에게 권한을 부여하는 것은 자유에 뒤따르는 책임 때문이다. 그러나 최근 우리 사회에서 일어나는 일들을 보면 권한은 많이 가지고 있지만 책임은 지지 않는 사람들이 많은 것 같다.

생산성 향상을 위한 인간 존중의 경영

동물은 생물학적 본능을 가지고 태어난다. 태어날 때부터 생존에 유리하게 프로그래밍 되어 있다. 그러나 본능을 벗어나면 초월적 세계, 미지의 세계, 이상적 세계가 열린다.

실제로 생물학적 욕망의 프로그램에서 벗어나서 초월적 세계에서 영혼의 능력을 발휘하면서 살아가는 사람들이 있다. 이 테두리를 벗어나게끔 만드는 것이 영혼의 능력이다. 본능을 벗어나서 미지의 세계로 나아가는 것은 학식이나 학력과는 아무 상관이 없다.

이순신 장군, 세종대왕, 간디, 테레사 수녀 등의 위대한 인물들은 욕망의 프로그램을 포기하고 자신이 추구하는 세계로 나간 사람들이다. 영혼의 능력이 작동한 사람들인 것이다.

스티브 잡스도 명상을 자주 했다고 알려져 있다. 영혼의 능력은 인간에게만 부여되는 축복이다. 애완동물 중에 아침에 일어나서 명상하는 것을 본 사람은 없을 것이다.

키에르케고르는 "인간은 관계가 자기 자신에게 관계함으로써 거기서 타자와 관계하는 관계"라고 말한다. 여기서 관계란 '독립된 제3의 사건'이다.

예를 들어 교사와 학생에게는 수업이라는 제3의 독립 사건으로 관계가 형성되고, 부모와 자녀도 양육이라는 제3의 사건으로 관계가 형성된다. 경영자는 팀원과 리더십으로 관계가 형성된다. 관계가 곧 생명이다.

인간은 관계가 끊어지면 절망에 빠진다. 그러나 우리 사회의 시스템을 분석해 보면 관계를 끊어 버리는 형태로 시스템이 돌아가는 경우가 많다. 따라서 리더십은 관계를 통해 타인에게 생명을 불어넣도록 재창조 즉, 리디자인Redesign 되어야 한다. 이것이 바로 리더십의 본질이다.

스위스는 독일, 프랑스, 이탈리아, 오스트리아 등의 강대국의 틈에 끼어 있는 인구 800만 명의 작은 나라이다. 독일어, 프랑스어, 이탈리아어와 로망슈어를 동시에 사용하는, 인종도 다르고 언어도 다양한 독특한 나라이다. 그런데 오늘날 어떻게 세계에서 가장 아름답고 풍요로운 나라로 성장했을까.

스위스는 1848년 헌법을 제정해 칸톤Canton이라는 26개의 소규모 국가들이 뭉쳐 만든 나라이다. 당시 우리나라는 조선시대였는데 스위스는 이때부터 민주적으로 헌법을 제정하고 국가를 형성했던 것이다. 스위스에서는 국가를 이끌 연방 장관이 헌법을 바탕으로 4년 임기의 7명을 선출하는데 장관들은 좌파, 우파, 중도 출신으로 다양하다. 임기 1년의 대통령은 장관 중에서 해마다 1명씩 돌아가면서 수행한다.

이렇게 좌파와 우파가 한데 합쳐서 정부를 운영할 수 있는 비결은 바로 '합의의 정신Kollegialprinzip'이다. 다수결이 아니라 반드시 토론과 합의에 의해 결정하는 것이다. 토론을 하다 보면 문제의 핵심이 무엇인지 알 수 있고 창의적인 제3의 해결안이 나올 수밖에 없다.

결국 리더십의 본질은 조직에 생명력을 불어넣고 생명력이 담긴 시스템을 구축하는 것에 있다. 지금까지 관계를 끊어 버리는 방식의 시스템으로 성장했다면 이제는 영혼의 능력을 발휘할 수 있는 시스템을 구축해야 한다.

시스템 설계 원칙은 다음과 같다. 첫째, 인간 존중의 원칙이다. 수평적인 조직이 되어야 하며 임직원들에게 부여된 신분과 계급은 역할과 책임으로 전환되어야 한다. 권한뿐 아니라 역할에 걸맞은 책임이 부여되어야 하는 것이다.

둘째, 토론과 합의의 원칙이다. 집단지성이 일어날 수 있는 분위기와 조직문화를 갖춰야 한다. 그렇게 하려면 인간존중의 사상이 몸과 마음의 근육에 스며들도록 두 가지 원칙을 시스템적으로 반복해야 한다.

» 인간을 바라보는 관점에 근본적인 변화가 없이는 그 어떤 구조적, 시스템적 변화도 효과를 발휘하지 못한다. 인간을 자원으로 보는 관점에서는 조직의 구조가 아무리 바뀌어도 자원 그 이상의 대접을 받을 수 없다.

» 기업 조직도 인간의 실존을 인식하는 것을 시작으로 영혼이 있는 구성원들을 받아들인다면 풍요로운 결실을 향유할 수 있다.

» 이제 인류는 자기 성찰을 해야 하는 시점에 도달했다. 생산성 향상은 계속되어야 하지만 그에 따라 삶의 풍요로움도 동반되어야 하기 때문이다. '어떻게 생산할 것인가'가 아니라 '무엇을 생산할 것인가'를 고심해야 하는 시기가 온 것이다.

» 흔히 경영학에서 말하는 인적자원 관리, 즉 '휴먼 리소스 매니지먼트'는 결국 어떠한 목적을 위한 수단에 불과하다. 철학에선 '인간은 그 존재 자체를 위한 존재'라고 말하는데, 사람을 존중하는 경영인 '휴먼 리스펙트 매니지먼트'가 되어야 하겠다.

» 인간은 관계가 끊어지면 절망에 빠진다. 그러나 우리 사회의 시스템을 분석해 보면 관계를 끊어 버리는 형태로 시스템이 돌아가는 경우가 많다. 따라서 리더십은 관계를 통해 타인에게 생명을 불어넣도록 재창조 즉, 리디자인되어야 한다. 이것이 바로 리더십의 본질이다.

» 결국 리더십의 본질은 조직에 생명력을 불어넣고 생명력이 담긴 시스템을 구축하는 것에 있다. 지금까지 관계를 끊어 버리는 방식의 시스템으로 성장했다면 이제는 영혼의 능력을 발휘할 수 있는 시스템을 구축해야 한다.

에
린
조

파슨스디자인스쿨 교수

전통적 **MBA** 스타일의 기업 전략에서 벗어난, '디자인적 경영 전략'을 활용한 창의적이고 지속력 있는 혁신법에 대해 이야기하는 에린조 교수는 서울대학교 의류학과에서 학사와 석사를 마치고, 위스콘신대학교에서 글로벌 유통에 관한 연구로 박사학위를 받았다.

위스콘신대학교와 콜롬비아대학교 객원교수를 거쳐 **2006**년부터 세계적으로 유명한 디자인스쿨인 뉴욕 파슨스디자인스쿨에서 교수로 재직하기 시작한 그녀는 전략 디자인 경영, 혁신, 디자인적 기업 전략, 소비자 행동론과 온라인 유통 등을 연구하고 있다. 급변하는 소비자 심리와 글로벌 기업 환경에서 보다 능동적이고 창의적으로 아이디어 실행방법을 제시하는 그녀의 강의는 학계와 학생들 사이에서 유명하다. 이제 기업이 살아남으려면 어떻게 디자인 전략을 가져야 하는지를, 세계적인 석학 에린조 교수가 제시하는 고객이 원하는 제품과 서비스로 혁신하기 위한 디자인 사고 전략 로드맵으로 살펴보자.

디자인 혁신 전략!
기본 프레임을 뒤집어라

◆ ◦ ◆

최근 글로벌 기업 경영자들의 가장 큰 고민은 그동안 전통적으로 추구했던 혁신 프로세스가 더 이상 작동하지 않는다는 것이다. 기존 MBA 방식의 사고 프로세스가 더 이상 혁신을 창출하지 못하면서 지속가능한 혁신 아이디어를 만들어내기 위한 '디자인적 경영 전략'이 큰 관심을 받고 있다.

디자인적 경영 전략은 보다 의미 있는 브랜드 혁신을 위해 디자인 마인드와 프로세스를 적용하는 방법론을 말한다. 이는 우리가 흔히 생각하는 것처럼 디자인이 혁신 전략의 가장 중요한 요소라거나 디자이너가 경영 결정을 내려야 한다는 단순한 주장이 아니다.

물론 디자인이 기업의 막강한 경쟁력의 한 요인이 될 수는 있다. 올해 글로벌 브랜드 인지도에서 어김없이 일등 자리를 지킨 애플의 성공에 디자인이라는 중요한 요소가 있다는 것을 부정하는 사람은 없을 것이다. 그러나 애플의 성공 비결은 '디자인' 자체가 아니라 그 디자인을 가능하게 했던 '혁신적 경영 전략' 덕분이었다.

그러나 애플의 성공 비결은
'디자인' 자체가 아니라
그 디자인을 가능하게 했던
'혁신적 경영 전략' 덕분이었다.

디자인과 혁신이 만나면 크게 두 가지 조합이 나온다. 첫 번째는 말 그대로 '디자인 혁신'이다. 미적 감각과 사용성의 개선을 증대하는 방향으로 새로운 디자인이 나오는 혁신이다.

두 번째는 '디자인 주도 혁신'으로, 디자인 혁신이 소비자의 행동 변화로 인해 발생한 새로운 마켓을 창출하는 혁신이다. 예를 들어 대부분의 커피 제조업체들이 에스프레소 머신을 개조해 사용하기 편한 디자인으로 바꾸는 디자인 혁신을 했다면, 네스프레소는 아예 캡슐 커피라는 디자인 주도 혁신으로 새로운 시장을 개척했다.

혁신을 통한 브랜드 전략 방향은 크게 두 가지로 나누어 볼 수 있다. 하나는 존재하지 않던 새로운 제품이나 방법을 만들거나 파격적으로 개선하는 급진적 혁신이고, 다른 하나는 기존 제품이나 방법의 유용성, 편리함, 가격, 미학 등을 더 나은 쪽으로 바꾸는 점진적 혁신이다.

지금까지 대부분의 기업들은 점진적 혁신을 해 왔다. 특히 마켓에서 현재 무엇을 하고 있는지, 어떤 아이디어들이 돌아다니는지, 어떻게 사용자 경험과 디자인을 향상할 수 있는지에 초점을 맞춰 왔다. 하지만 이러한 점진적 혁신 접근법에는 한계가 있다.

앞으로 우리 기업들이 글로벌 마켓에서 브랜드 리더십을 갖기 위해서는 급진적 혁신을 해야 한다. 또한 기본적으로 가지고 있던 전통적인 프레임을 깨뜨려야 한다.

여기서 가장 중요한 점은 이루고자 하는 혁신의 방향이 어디로 흘

러가는지에 대한 공감이다. 기업에서 혁신의 속성이 어느 방향으로 나아가고 혁신을 지지해 줄 수 있는 기술과 능력을 어떻게 키우는지 등 그 방향성에 도움을 줄 수 있는 것이 바로 디자인 주도 혁신이다.

혁신을 위해서는 무엇보다도 '경험의 의미'를 창조하는 것이 중요하다. 브랜드 혁신은 기술을 기반으로 속성과 성능을 발전시키기보다는 '이제까지와는 다른 경험을 창조'하는 쪽으로 가야 한다. 이때 경험에서 가장 중요한 요소는 '나에게 주는 의미'이다. 브랜드의 궁극적 가치란 결국 브랜드가 소비자에게 주는 의미의 가치인 것이다.

혁신은 이 의미의 가치를 창조하고 높여 나가는 활동으로 봐야 한다. 즉 마켓 리더십을 쟁취할 급진적 혁신이란 꼭 급진적 기술 혁신에 의존하지는 않는다는 것이다.

이미 상용화된 기술이라도 지금과 다른 급진적인 경험을 성공적으로 접목했을 때 소비자는 급진적 혁신으로 받아들일 수 있다. 반대로 상당히 혁신적인 기술을 가지고 구현했더라도 이것이 기존 경험의 연장선상에 있으면 소비자는 이를 점진적 혁신으로 느끼기 쉽다.

따라서 디자인적 경영 전략은 브랜딩에서 디자인이 하는 역할 그 이상의 것이며, 상품의 기능과 경험의 포장만을 말하는 것이 아니다. 경영자가 경영 전략을 짜고 의사결정을 하는 데 디자인 프로세스를 적용해서 보다 창의적이고 혁신적인 브랜드 전략을 세우고 실행하는 일이다.

여기서 디자인 프로세스는 단순히 경영 지도자와 구성원의 사고

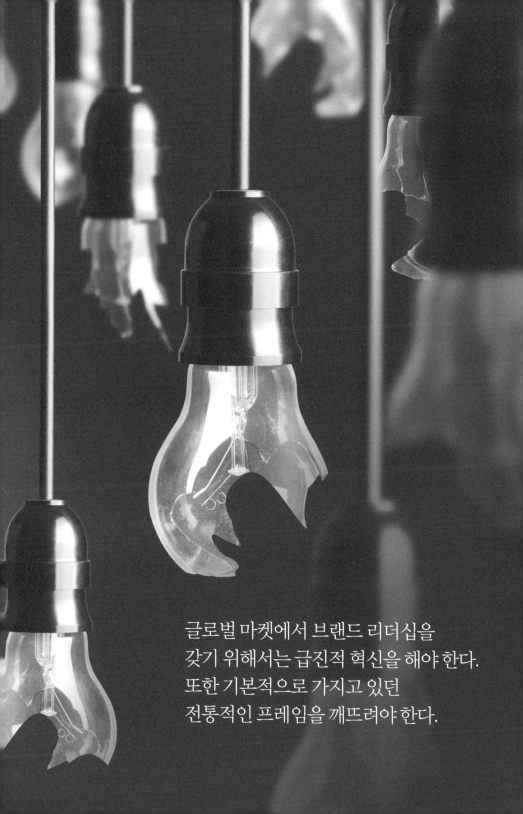

글로벌 마켓에서 브랜드 리더십을
갖기 위해서는 급진적 혁신을 해야 한다.
또한 기본적으로 가지고 있던
전통적인 프레임을 깨뜨려야 한다.

애플은 단순히 디지털 음악이라는
속성 대신 소비자들에게
어떤 의미를 줄 수 있는지에 집중했다.

에만 적용되지 않는다. 기업 과제와 문제해결을 찾는 관점과 접근법, 이를 위한 기업문화와 조직 구성까지 포괄하는 더 넓은 범위의 개념이다. 특히 이런 프로세스를 혁신에 접목하는 것이 디자인적 경영 전략을 통한 브랜드 혁신이다.

많은 기업들이 여전히 상품의 의미와 가치를 소비자에게 묻고 있는데, 이는 혁신의 주요 목적이 무엇인가에 따라 적절하지 않을 수가 있다. 특히 기업이 급진적 혁신을 추구할 때는 절대로 소비자에게 먼저 묻지 마라.

'아는 것'과 '하던 것'은 과거의 일이다. 과거의 일을 가지고 미래를 예측하려고 하는 기본자세부터 바꿔야 한다. 기술의 혁신을 기업이 주도하듯이 의미의 혁신도 기업이 주도해야 한다.

다른 의미의 통찰력을 끌어내라

그렇다면 의미 있는 통찰력은 어떻게 이끌어 낼 수 있을까. 'MP3 플레이어' 하면 대부분 제일 먼저 애플의 아이팟을 떠올릴 것이다. 그런데 세상에서 처음으로 글로벌 마켓에 '디지털 뮤직'이라는 콘셉트로 제품을 내 놨던 기업은 한국의 세한미디어였다. 1997년에 'MPMAN'이라는 브랜드로, '워크맨보다 가볍고, 워크맨보다 작고, 워크맨보다 더 많은 양의 곡을 담을 수 있다'고 내세우며 미국 시장에 약 400달러로 제품을 출시했다.

결과는 완전히 실패작이었다. 바로 포지셔닝의 오류를 범한 것이다. 완전히 혁신적인 기술을 개발하고서도 기존 상품, 기존 브랜드 선상에서 소비자들에게 어필을 하려고 하는 오류였다. 워크맨보다 조금 더 좋은 성능과 디자인 속성으로는 소비자들에게 전혀 새로운 가치를 줄 수 없었던 것이다.

하지만 똑같은 콘셉트를 가지고 전 세계를 평정한 것이 바로 애플의 아이팟이다. 애플이 성공할 수 있었던 이유는 무엇일까. 바로 애플이 디자인 전략 회사였기 때문이다. 애플은 단순히 디지털 음악이라는 속성에 포커스를 맞추지 않고 이것이 소비자들에게 어떤 의미를 줄 수 있는지에 집중했다. 그들이 찾은 의미는 바로 '개성, 특성'이었다.

휴대용 MP3 플레이어의 특징은 사용자가 자신만의 세계에 집중할 수 있다는 점이다. 애플은 여기에서 나아가 디지털 음악을 통해 세상과 커뮤니케이션할 수 있는 서비스를 제시했다. 아이팟을 가지고 있다는 점 하나만으로도 자신의 개성을 드러낼 수 있도록 한 것이다.

이러한 방향으로 디자인 전략이 세워졌기 때문에 사용자가 좋아하는 장르별로 곡을 쉽게 저장할 수 있는 서비스를 제공하기 시작했고, 기존 유통의 불문율을 깨고 모든 음악을 0.99센트에 파는 등 혁신적인 서비스가 마켓에 등장할 수 있었다.

특히 기존에 새로운 기술에 대해서는 무조건 젊은 세대를 타깃으

'아는 것'과 '하던 것'은 과거의 일이다.
과거의 일을 바탕으로 미래를 예측하려고 하는
기본자세부터 바꿔야 한다.

애플의 모든 광고에는
상품 설명이 일절 없다.
그저 소비자에게 일관된 메시지를
전하는 짧은 카피만 들어갈 뿐이다.

로 했던 반면, 애플은 소비자가 20대이든 50대이든 나이에 상관없이 '쿨한 유저'가 사용하는 아이팟으로 마케팅 전략을 수정해 MP3 플레이어 시장을 3~4배로 성장시켰다.

실제로 아이팟의 주요 고객층은 베이비붐 세대였다. 그들이 가족이나 친구들에게 아이팟을 선물하면서 그 시장이 엄청나게 커진 것이다. 또한 사용자 타깃 범주가 넓어지면서 복잡한 옵션이 아니라 단순한 인터페이스를 특징으로 하는 '심플리시티Simplicity'라는 표현이 여기서 나왔다. 이것이 바로 경험과 의미의 혁신이다. 처음부터 '개성, 특성'이라는 전략적 방향성이 세워졌기 때문에 그에 따른 다양한 색과 재질, 아이튠즈, 단순한 인터페이스, 쉬운 사용성이 나오게 된 것이다.

또한 애플은 커뮤니케이션 디자인을 잘하는 기업이다. 애플의 모든 광고에는 복잡한 상품 설명이 하나도 등장하지 않는다. 단순히 애플의 상품을 제시하고 광고 마지막에 짧은 카피를 통해 상품의 속성이 통합적으로 소비자에게 일관된 메시지를 전달할 수 있도록 하고 있을 뿐이다.

통합적으로 소통하라

우리는 습관적으로 혁신을 상품 구성 안에서 정의 내리려고 하는 경향이 있다. 특히 혁신 상품이라고 하면 상품 디자인, 상품 혁신에만 포커스를 맞추는 경우가 많은데 혁신은 시장 안에서 생각해야 한다. 상품, 포장, 광고, 유통 등 각각의 프로세스가 완벽하더라도 전체 시장에서 준비가 되어있지 않다면 실패 가능성이 높다.

흔히 패키지 디자인을 할 때 저지르는 실수가 상품 따로, 포장 따로, 커뮤니케이션 따로 진행하는 것이다. 이와 다른 공정을 거쳐 디자인적 경영 전략을 통해 성공한 기업이 바로 애플이다. 애플은 상품-포장-광고-유통을 관통하는 통합적 접근법에 입각한 비즈니스 프로세스를 이루고 있다.

'티파니Tiffany'라는 주얼리 기업도 통합적 접근법을 잘 활용하는 기업 중 하나이다. 티파니는 몇억 달러 짜리 보석에서부터 300달러 정도의 은제품까지 다양한 상품 구성을 제공하고 있다.

300달러 은제품은 사실 디자인이 다른 브랜드에 비해 월등하게 독특하거나 예쁜 것이 아니다. 하지만 이토록 티파니에 열광하는 이유가 무엇일까. 티파니 브랜드에 대한 소비자의 경험은 '포장'에서부터 시작된다.

소비자는 포장과 상품, 유통을 각각의 독립체로 인지하지 않는다. 단지 포장이 고급스럽고 예쁘면 그 속의 상품까지 고급스럽고 예쁘다고 생각한다. 그렇기 때문에 이 프로세스를 각각 따로 진행하면 비용은 많이 들고 오히려 효과는 떨어지게 되어있다.

티파니는 포장에서부터 상품 브랜드 가치를 적용한다. 특히 블루 계열의 티파니 박스는 브랜드를 대표하는 상징적인 이미지가 되

티파니는 고유의 블루 계열
포장 박스에서부터
상품 브랜드 가치를 적용한다.
티파니 브랜드에 대한
소비자의 경험은
'포장'에서부터 시작된다.

었다. 심지어 인터넷에서는 짝퉁 티파니 박스까지 활발하게 팔리고 있는 실정이다. 그만큼 박스 포장 자체가 소비자에게 의미하는 바가 크다.

이는 티파니가 포장에서부터 유통에 이르기까지 통합적인 접근법을 전략적으로 활용했기 때문이다. 박스로 디자인된 티파니 글로벌 웹사이트 메인 화면, CF 주인공들은 모두 흑백인데 티파니 박스만 컬러로 보이는 광고 등만 봐도 티파니의 디자인 주도 혁신을 들여다볼 수 있다.

경계를 넘어라

우리는 일반적으로 하나의 상품군, 하나의 산업군 안에서 혁신을 생각한다. 그러나 한 상품군 안에서 구태의연하게 느껴지던 의미와 형태도 다른 상품군으로 넘어가면 혁신으로 보일 수 있다. 혁신이 항상 세상에서 듣도 보도 못한 것일 필요는 없다.

경계를 넘어라. 디자인적 혁신 전략을 같은 상품군, 같은 소비자군 안에서만 생각하지 말라. 혁신적인 기술도 기존의 의미가 적용되는 순간 점진적 혁신에 불과해진다. 한국 기업들이 많이 저지르는 실수가 혁신적인 최첨단 기술을 개발해 놓고도 기존의 의미를 그대로 붙이는 것이다.

의미의 방향성은 상품 혁신 자체뿐 아니라 앞으로 이 혁신이 어떤 방향으로 나갈지 제시해 주고, 시장은 소비자가 상품을 사용하기에 편한 상품 체인들을 만들며 이로 인해 소비자의 가치는 올라간다. 따라서 전략적 방향성을 잘 잡고 혁신을 진행하는 것이 중요하다.

닌텐도는 1970~1980년대에 컴퓨터 게임기 시장에서 약 50% 이상의 지배적인 점유율을 차지했다. 하지만 1990년 소니가 플레이스테이션 시리즈를 내놓기 시작하면서 위기에 봉착하게 된다.

이렇게 도산 직전에 있던 닌텐도를 구해준 것이 바로 2008년 출시된 '위Wii' 게임기다. 모션 센싱Motion Sensing 기술로 사람의 움직임을 아바타가 따라하는 게임인데 '위 스포츠'로 시장에 첫선을 보였다. 사실 모션 센싱 기술은 도시바가 아웃도어 랩톱 컴퓨터에 활용하려고 개발했는데 닌텐도가 그 기술을 게임기에 접목한 것이다.

경쟁 업체인 소니의 플레이스테이션은 앉아서 서로 말도 안하고 손가락만 움직이는 게임이기 때문에 많은 부모들의 반대가 있었지만 닌텐도는 이 점을 착안, 가족들과 함께 운동하면서 즐길 수 있는 게임으로 포지셔닝해 선풍적인 인기를 얻었다. 이러한 의미를 내세우면서 새로운 시장을 만들었기 때문에 소니의 플레이스테이션이나 기존 인기 게임기들과는 경쟁할 필요가 없었다.

정당성을 추구하라

전략의 방향성을 찾을 때 가장 중요한 것이 바로 정당성이다. 정

경계를 넘어라.
디자인적 혁신 전략을
같은 상품과 소비자 범주
안에서만 생각하지 말라.

당성이란 헌신, 진지함 그리고 진정성을 뜻한다. 남의 것을 베끼지 않은 진정성과 정당성이 있는 경험과 의미를 갖춘다면 기술적 혁신이 그리 크게 해당되지 않는 상품군에서도 급진적 혁신을 더욱 원활하게 만들 수 있다.

경험과 의미의 혁신에 대해서 소비자가 느끼는 태도나 느낌은 차이가 있다. 의미의 방향성에서 베끼는 것은 상당히 위험하다. 기술의 혁신을 모방해 더 좋은 기술을 개발하는 것에 대해서는 큰 거부 반응이 없다. 하지만 의미의 정당성을 베끼는 순간, 그때부터는 따라하는 것이 된다.

소비자들은 기술이라는 것은 평가할 능력도 없고 평가하려고 하지도 않는다. 하지만 의미의 혁신은 본다. 그래서 디자인을 따라하면 안 된다. 의미의 모든 기술과 그 기술을 속성을 구축하는 아이디어들이 상품의 얼굴이라 할 수 있는 디자인을 통해서 표현이 되기 때문이다.

결국 정당성이란 헌신, 진지함, 그리고 진정성을 뜻한다. 의미 있고 진정성 있는 경험을 부여하는 혁신을 이뤄낸다면 소비자에게 정당한 브랜드로 각인될 수 있을 것이다.

앞으로 다가올 새로운 시대, 진정한 혁신은 디자인에서부터 시작됨을 기억하고 성공을 향해 달려가길 바란다.

» 기업 생사의 비밀이 바로 디자인 사고 전략에 달려있는 것이다.

» 이젠 기존 혁신 프로세스가 아닌 디자인적 경영 전략으로 혁신을 승부해야 한다.

» 디자인 혁신 기업의 예를 잘 보여주는 애플처럼 상품의 속성이 통합적으로 소비자에게 일관된 메시지를 전달할 수 있어야 한다.

» 소비자는 포장과 상품, 유통을 각각의 독립체로 인지하지 않는 다. 단지 포장이 고급스럽고 예쁘면 그 속의 상품까지 고급스럽 고 예쁘다고 생각한다. 그렇기 때문에 이 프로세스를 각각 따로 진행하면 비용은 많이 들고 오히려 효과는 떨어지게 되어있다.

» 우리는 일반적으로 하나의 상품군, 하나의 산업군 안에서 혁신을 생각한다. 그러나 한 상품군 안에서 구태의연하게 느껴지던 의미 와 형태도 다른 상품군으로 넘어가면 혁신으로 보일 수 있다. 혁 신이 항상 세상에서 듣도 보도 못한 것일 필요는 없다.

» 정당성이란 헌신, 진지함, 그리고 진정성을 뜻한다. 의미 있고 오 리지널한 경험을 부여하는 혁신을 이뤄낸다면 소비자에게 정당 한 브랜드로 각인될 수 있을 것이다.

장
대
련

연세대학교 경영학과 교수

사회, 경제, 문화 등 기업을 둘러싼 환경은 지속해서 변하고 있다. 특히 21세기
는 이런 변화의 속도가 빠르고 그 양상도 복잡하다. 미디어 간의 경계가 허물
어지면서 서로 맞물리고 있는 이 시대, 빠르게 변화하는 비즈니스 시장과 새
로운 것을 갈망하며 세상의 요구를 포용하는 '트랜스Trans'의 개념을 '브랜딩
Branding'과 결합하는 새로운 시도를 통해 기업 브랜드 전략을 제시한 전문가가
여기 있다. 컬럼비아대학교에서 경영학 석사를, 하버드대학교에서 마케팅 박
사 학위를 받고 현재 연세대학교 경영학과 교수로 재직하고 있는 장대련 교수
는 '트랜스 브랜딩'을 제시하며 혼란스러운 트랜스 시대를 바라보는 통찰과 진
화된 브랜드 관리 전략을 소개한다.

혼돈의 트랜스 시대,
변화의 주도권을 쥐어라

＊ ＊ ＊

휴대전화가 인터넷과 결합하고 텔레비전이 쇼핑과 결합하는 세상, 그리고 이러한 결합들이 더 이상은 새롭지 않은 시대가 왔다. 이런 결합이 자연스러운 시대에 우리는 살아가고 있다. 미디어 간의 경계가 허물어지고 결합해서 재창조하는 이 시대를 '트랜스'라는 개념을 만들어 정의 내려서 트랜스 시대 어떻게 기업들이 전략적으로 살아남을 것인가에 대해, 어떻게 기업들이 경쟁력을 갖추고 살아남을 것인가에 대해 살펴보기로 하자.

트랜스, 변화에 대한 새로운 시선

'트랜스Trans'는 라틴어 어원으로부터 파생된 영어 접두사로 변신력, 초월성 등의 뜻을 담고 있다. 트랜스 브랜딩이란 인기 오락 영화 〈트랜스포머Transformers〉에서 필요에 따라 로봇이 자동차로 변신하듯 브랜드가 그와 같은 변신력과 초월성을 갖춰야 한다는 뜻이다.

변신을 잘하려면 변화의 바람이 어떻게 부는지 방향을 잘 잡아야 한다. 시대의 바람을 잘 타려면 상승 곡선과 하향 곡선을 잘 이해하고 설정하는 것이 중요하다. 그래야 바람을 쉽게 탈 수 있기 때문이다.

기업에서도 '트랜스를 잘 반영하자'는 취지로 실행하면 될 것 같지만 생각만큼 쉽지 않다. 여기에는 크게 두 가지 이유가 있다. 하나는 기업의 덩치가 공룡처럼 큰 경우다. 대기업들은 인프라와 시스템을 잘 갖췄지만 사람과 조직이 많아서 변화가 쉽지 않다. 변화를 이루려면 상당한 노력, 문화의 변화가 있어야 한다.

다른 이유는 사업이 안정권에 있는 경우다. 이 말은 모순적으로 들린다. 지금 사업이 잘 되는데 왜 변해야 할까. 하지만 핀란드의 네트워크 설비 및 통신장치 제조업체인 노키아Nokia는 너무 잘 나갔기 때문에 몰락했다. 인도나 중국 등 거대 시장에서 제품이 너무 잘 팔린 탓에 눈앞의 수익을 놓치기 아까웠고 결국 스마트폰이 보급되면서 맥을 못 추었다. 이렇듯 기업의 호황은 미래에 대한 전망을 둔감하게 만들기도 한다.

노키아의 사례를 보며 우리 기업들도 돌아봐야 한다. 우리 자신은 모르지만 밖에서 볼 때는 그런 부분이 보일 수 있다. 내려놓기만 하면 운신의 폭이 넓어지는데 놓기 어려워한다. 현재에 안주하고 전진하기를 주저하기에 새로운 것, 보다 나은 것, 미래지향적인 것을 하지 못하는 것이다.

키워드는 주도권이다.
변화무쌍한 시대, 리더로 우뚝 서려면
혼란 가운데 변화의 주도권을 잡겠다는
마인드를 갖춰야 한다.

'트랜싱Transing'은 변화, 더 정확히 말해 혼란 속에서 우리가 어떤 자세를 취하고 마인드를 갖춰야 하는지 일깨워주는 프레임워크Framework라고 할 수 있다. 시장 상황의 혼란스러운 점만을 생각할 것인지, 아니면 혼란을 초월하고 재개편해서 우리를 이롭게 만들 것인지 마인드를 새롭게 정립할 필요가 있다. 이를 프리즘에 비유한다면, 빛을 분산·굴절시키는 프리즘은 오늘날 진화하는 미디어에 해당된다고 볼 수 있다. 분산, 굴절의 결과가 복잡하고 힘들어하는 수동적인 자세를 지양하고 다른 차원에서 보면 영화 〈매트릭스〉처럼 코드가 풀리고 해법을 얻을 수 있다. 그 다음에는 쉬워진다. 주도권을 잡을 수 있는 것이다.

키워드는 주도권이다. 변화무쌍한 시대에서 리더로 우뚝 서려면 혼란 가운데 변화의 주도권을 잡겠다는 마인드를 갖춰야 한다.

트랜스는 어떻게 나타나고 있는가

트랜스의 또 다른 양상은 영역의 광역화廣域化로 나타난다. 빅데이터 전문가의 연구에 따르면, 어떤 업종은 해당 영역들이 굉장히 좁아지고 있는가 하면 어떤 업종들은 굉장히 넓어지고 있다고 한다. 어떤 영역들을 트랜스를 못하고 어떤 영역은 잘한다고 평가할 수 있는 것이다. 못하는 업종은 명품 럭셔리 분야이다. 이에 반해 스마트폰은 범용처럼 많은 사람들 사이에서 확대되고 있으며 다양한 업

이젠 기업과 소비자가 함께
제품을 만드는 시대가 왔다.
이를 '공유경제'라고
얘기하는데 그것이 곧 트랜스다.

종과도 연결되고 있다.

예를 들어 일본의 유명 캐주얼 의류 브랜드인 유니클로UNIQLO는 소비자가 스마트폰으로 티셔츠 디자인을 마음대로 디자인할 수 있는 체험을 제공했다. 여기에서의 키워드는 'co'이다. 협업을 뜻하는 '컬래버레이션Collaboration'에 'co'가 들어가듯이, 기업과 소비자가 함께 제품을 만든다는 뜻이다. 과거에는 기술, 기업, 소비자가 수직적으로 이어졌다면 현재는 소비자, 기술, 기업을 같은 선상에 두고 생각해야 한다. 세상이 많이 바뀌었다. 과거에는 기업이 주도권을 쥐었다면 지금은 나누어야 한다. 이를 '공유경제Sharing Economy'라고 얘기하는데 그것이 곧 트랜스다.

또한 과거에는 기업, 기술, 소비자의 영역이 잘 구분되어 있었지만 이제는 모호해졌다. 유니클로가 애플리케이션을 통해 소비자와 공유하듯이 타 회사들도 그러한 능력을 갖출 필요가 있고 소비자에게 다가가는 자세를 갖출 필요가 있다.

트랜스 로드맵을 실행하라

브랜딩은 경영에 있어서도 굉장히 중요한 위치에 놓여 있다. 일종의 구심점으로 앞서 기술, 기업, 소비자들의 관계 가운데 중심에 있는 것이 브랜드이다. S전자회사의 경우 지금도 브랜딩을 잘해왔지만 앞으로 할 것이 너무나 많다. 과거보다 변화의 시점이 훨씬 빨라지고 있어서다. 브랜딩을 통해 S전자회사는 애플만의 라이벌뿐 아니라 구글과 독립적인 관계를 맺고 있다는 점을 강조해야 한다. 얼마전 운영 체계Operating System 독립을 선언한 것도 성공적인 브랜딩으로 평가하고 있다.

그러면 트랜스 브랜딩을 어떻게 실행해야 할까. 실무자들에게 유용한 도구로 '2F' 모델이 있다. 이는 'Flexible'과 'Fit'를 지칭하는데, 전략에 있어서 둘은 평행노선을 달린다. 'Fit'는 지금까지 잘해온 것, 쉽게 말해 지켜야 할 것이다. 당분간 현행유지를 할 수 있겠지만 변화하는 시장에서 이대로 만족할 수는 없다. 그래서 미래를 위해 위험을 감수할 수 있는 전략들을 'Flexible' 파트에 포함시킨다. 이 파트는 다양하고 가변적이다. 실험적인 전략이며 시도해보는 것이기에 리스크가 크지 않아야 한다.

스타벅스의 전략을 2F 관점에서 살펴보자. 세계 커피시장은 포화상태다. 어떻게 초월하느냐의 문제를 두고 스타벅스는 커피에 국한하지 않고 광역화된 음료시장을 공략하겠다는 전략을 세웠다. 'Flexible' 파트는 신규음료를 공략하는데, 중요한 전략적 실행 중 하나는 주류까지 판매하는 것이다. 미국 일부 매장에서는 맥주와 와인을 판매하고 있다. 이런 전략과 실행을 통해서 활동의 폭을 넓히고 있다.

여기서 중요한 점은 전략을 실행하며 스타벅스가 로고를 바꾼 것이다. 새 로고에 커피라는 단어를 넣지 않았다는 것을 눈여겨볼 필

포화 상태인 세계 커피시장에서
스타벅스는 커피를 넘어선
다각화된 음료시장을 공략,
주류 판매 전략을 세웠다.

요가 있다. 앞으로의 방향을 전달하고 있는 것으로서 급격한 추락을 뜻하는 '하드랜딩Hard Landing'이 아닌 부작용을 최소화하기 위한 연착륙을 뜻하는 '소프트랜딩Soft landing'을 유도하는 것이다. 커피 판매를 계속하지만 다른 시도를 준비하며 워밍업하는 과정의 일환으로 커피와 함께 맥주를 팔면서 소비자들의 반응이 훨씬 원만해질 것이라는 계산을 함축하고 있는 것이다.

트랜스 브랜딩으로 미래를 이끌어라!

조직에 몸담은 직장인이라면 누구나 리더십에 관심이 크다. 리더십을 트랜스와 연결시키면 체계적인 진화를 보여준다. 과거 조직을 관리하는 리더십은 경영Management, 전략Strategy, 상품Production, 수행Performance, 혁신Innovation 에 주력했다고 볼 수 있다. 하지만 현대 리더십은 변화에 어떻게 대응하는가, 전략을 얼마나 유연하게 도입하는가, 미래의 성공전략으로 생산성을 확장할 수 있는 지혜와 통찰을 얼마나 발휘하는가, 성과도 중요하지만 많은 사람들과 공유하고 소통하는 체제가 있는가, 혁신을 공유가치와 연계시킬 수 있는가 등에 초점을 맞췄다는 면에서 체계적인 진화를 보여준다고 할 수 있겠다. 지금 이 시대는 변화의 시대다. 이를 어떻게 이해하고 대응할 수 있는가 하는 측면에서는 변화의 시대보다는 '트랜스 시대'가 더 적합한 용어라고 할 수 있겠다.

기존 관습과 다른
새로운 시도는
계속해서 나타나고
진화하고 있다.

시대와 분야를 가리지 않는 변화의 바람, 트랜스

탄산음료 브랜드인 칠성사이다는 2014년 봄, '공간이동 자판기 캠페인'을 전개했다. 자판기의 별 모양 버튼을 누르면 소비자는 전혀 예상하지 못한 새로운 장소로 이동, 포토존 앞의 스타가 되어 승부차기 결승골을 넣은 주인공으로 변신한다. 2014브라질 월드컵을 앞두고 축구 이벤트와 연결해 이색적인 체험을 제공한 것이다. 이 캠페인은 청춘이라는 개념을 60년대의 청춘에서 현재의 청춘으로 진화시킨 복합적인 트랜스 브랜딩으로 평가된다.

사실 트랜스는 다양한 분야마다 존재해 왔다. 같은 장소에서 2년 동안 30여 점 이상의 작품을 그리며 다양한 변화를 관찰해서 화폭에 담은 '루앙대성당Rouen Cathedral' 시리즈를 남긴 클로드 모네Claude Monet, 멀티미디어의 다양한 변화와 감성을 포착한 앤디 워홀Andy Warhol, 20세기 초반 산업혁명으로 인한 결과물과 그것들의 연속성에 관심을 가지고 조각 작품을 남긴 이탈리아 조각가 움베르토 보치오니Umberto Boccioni, 해변가에 키네틱 아트 작품을 설치하고 바람으로 물체가 이동하는 예술 작품을 만든 덴마크의 테오 얀센Theo Jansen, 베이징에 플래그십스토어를 개장하며 건물 외벽에 LED 조명을 비춰 영상을 표현하는 미디어 파사드Media Façade 작품으로 멀티미디어체험을 진행한 주얼리 브랜드 티파니Tiffany, 1999년에 개봉한 영화〈매트릭스The Matrix〉와 2014년 개봉한〈트랜센던스Transcendence〉등 무수히 많은 사례들이 있다. 기존 관습과 다른 새로운 시도는 계속해서 나타나고 진화하고 있다.

트랜스 미디어 환경이 제공하는 성공의 길

이런 개념들을 실천할 수 있는 환경이 트랜스 미디어 환경이다. 기존에 있는 통합 미디어와 크로스 미디어에 이어 트랜스 미디어 커뮤니케이션은 변화를 위한 관리, 공동 창조, 사용자들을 위한 경험, 네트워킹과 연계되어 있다.

트랜스 환경에서의 사용자 프로필도 정리할 필요가 있다. 많은 미디어 체험을 통해서 사용자들은 지적인 측면과 체험에 대한 욕구 및 미적인 감각, 새로움에 대한 욕구가 강화되고 있다. 이러한 부분에 앞으로 어떻게 대응하는가 하는 과제가 남는다. 많은 기업들이 과거 브랜드만으로도 인정받을 수 있었다면 앞으로는 트랜스 미디어의 라이프스타일을 어떻게 제공하고 어떤 성격의 정보와 콘텐츠, 이미지, 미디어의 기반을 닦느냐 하는 점이 기업의 평판을 좌우할 것이다. 이제 소비자는 사용자를 넘어 기업의 동반자이기도 하다.

트랜스 미디어 환경에서의 성공 척도는 다음의 네 가지로 정의할 수 있다. 첫 번째, 진화하는 상호작용이다. 앞으로는 미디어의 다양한 기술을 접목해 소비자가 미디어에 몰입할 수 있는 경험을 정확하게 제공할 수 있는지가 관건이다. 두 번째 척도는 협력적 창조로

이제는 소비자는 사용자를 넘어서서
기업의 동반자이기도 하다.

서 소비자와 소비자, 소비자와 기업 간의 긴밀한 커뮤니케이션 협업, 대중들의 아이디어를 모아 새로운 제품을 만드는 효과적인 크라우드소싱Crowd Sourcing 운영관리에 대한 개념이다. 세 번째는 체계적이고 다차원적인 경험이다. 운영하고 있는 미디어를 활용해 소비자에게 어떤 총체적인 체험, 문화적인 경험을 안겨줄 수 있는지에 대한 것이며 네 번째 척도는 지속가능한 아이덴티티가 있다.

트랜스 브랜딩으로 주도권을 쥐어라

트랜스 브랜딩은 급변하는 미디어 환경의 주도권이자, 브랜드를 소통할 수 있는 환경의 주도권, 가장 고민하는 변화관리를 실행할 수 있는 주도권이다. 트랜스 브랜딩의 4가지 성공 척도와 2F 전략을 도입했을 경우 보다 성공적인 운영관리와 실천 방안이 도출될 수 있을 것이다.

기존에 잘 운영되는 부분은 Fit에서 브랜드의 DNA와, 브랜드의 일관성 있는 가치 유지 방안, 브랜드 신념을 실행하기 위한 지침에 대해 전략을 세운다면 Flexible에서는 시간, 장소, 미디어, 고객 요구 등을 반영한 새로운 표현을 찾아내는 것이다. 그리고 전달과 표현방식을 진화시켜 스타일을 통해 브랜드의 확장 경로를 마련하는 실천 방안을 찾아내는 것이다.

이런 모든 측면을 성공적으로 실천하기 위한 몇 가지 조건이 있다. 브랜드를 투명화해서 사회문화적 이슈와 융합해 진정성 있는 소비자 커뮤니케이션을 실시하고, 브랜드 변천을 적절하게 하면서 새로운 브랜드에 대한 공감 및 급격한 변화의 혼란을 최소화할 수 있는 안목이 필요하다. 또한 항상 초월할 수 있는 안목 즉, 소비자에게 매력 포인트를 제시하면서 미래적인 콘텐츠를 창조하고 공유할 수 있는 방법을 찾아야 한다.

이런 트랜스 브랜딩이 잘 이루어진 국내 사례로는 현대카드를 들수 있다. 현대카드는 국내 고객만족도 조사에서 추천하고 싶은 카드사 1위로 꼽힌다. 그 성공 비결은 개개인의 라이프스타일에 따른 카드 제공이라는 기본적인 서비스 외에 디자인을 전략적으로 이용, 고객들의 필요와 만족감을 충족시켜준다. 무엇보다 문화 브랜드 기업으로서 문화코드와의 시너지를 잘 활용하고 있다. 또한 다양한 기관들과 지속적인 협업을 통해 현대카드의 디자인을 사회공헌 사업으로도 끌어올렸다. KMA한국능률협회의 '지식나눔사업'처럼 기업들이 사회적 책임CSR을 다양하게 실천하는 것은 기업 브랜드의 긍정적인 인식면에서도 중요하다.

현대카드를 2F로 정리하면 Flexible 측면에서는 고객에 대한 진정성을 진화적으로 접근하고 있고, Fit 측면에서는 치밀한 전략적 마케팅을 기반으로 한 일관성 있는 디자인 문화코드를 고수하고 있다. 한마디로 현대카드는 라이프스타일 문화혁신 철학 아래 진심으로 고객과 소통하고 있는 것이다.

기업의 브랜드 현장은 트랜스 현상이 가장 활발하게 나타나는 곳이다. 대중에게 사랑을 받고 있는 브랜드일수록 트랜스 현상을 브랜드 전략에 잘 활용하고 있다. 트랜스라는 광범위한 변화에 직면한 기업과 브랜드, 나아가 개인에 이르기까지 트랜스 로드맵을 활용해 초월적인 매력 포인트로 시장을 차별화할 수 있기 바란다.

» 변신을 잘 하려면 변화의 바람이 어떻게 부는지 방향을 잘 잡아야 한다. 시대의 바람을 잘 타려면 상승 곡선과 하향 곡선을 잘 이해하고 설정하는 것이 중요하다.

» 많은 기업들이 과거 브랜드만으로도 인정받을 수 있었다면 앞으로는 트랜스 미디어의 라이프스타일을 어떻게 제공하고 어떤 성격의 정보와 콘텐츠, 이미지, 미디어의 기반을 닦느냐 하는 점이 기업의 평판을 좌우할 것이다.

» 트랜스 미디어 환경에서의 성공 척도는 첫 번째, 진화하는 상호작용이다. 두 번째는 협력적 창조로 소비자와 소비자, 소비자와 기업 간 긴밀한 커뮤니케이션 협업이다. 세 번째는 체계적이고 다차원적인 경험이며 네 번째는 지속가능한 아이덴티티이다.

» 브랜드를 투명하게 하면서 사회문화적 이슈와 융합해 진정성 있는 소비자 커뮤니케이션을 실시하고, 브랜드 변천을 적절하게 하면서 새로운 브랜드에 대한 혼란을 최소화하는 안목이 필요하다.

» 기업의 브랜드 현장은 트랜스 현상이 가장 활발하게 나타나는 곳이다. 대중에게 사랑받는 브랜드일수록 트랜스 현상을 브랜드 전략에 잘 활용한다. 트랜스라는 광범위한 변화에 직면한 기업과 브랜드, 나아가 개인에 이르기까지 트랜스 로드맵을 활용해 초월적인 매력 포인트로 차별점을 둔다.

페이스북 www.facebook.com/maekyung1

페이스북에 오시면 더 재미있는 책 이야기와
이벤트 소식을 만나실 수 있습니다.

인생을 바꿀 12가지 지혜

리더의 아침수업

초판 1쇄 2016년 8월 10일
  2쇄 2016년 9월 15일

지은이 KMA리더스모닝포럼 강연자 12인
펴낸이 전호림 **편집4팀장** 이영인 **펴낸곳** 매경출판㈜
등 록 2003년 4월 24일(No. 2 – 3759)
주 소 우)04557 서울시 중구 충무로 2(필동1가) 매일경제 별관 2층 매경출판㈜
홈페이지 www.mkbook.co.kr
전 화 02)2000 – 2610(기획편집) 02)2000 – 2636(마케팅) 02)2000 – 2606(구입 문의)
팩 스 02)2000 – 2609 **이메일** publish@mk.co.kr
인쇄 · 제본 ㈜M – print 031)8071 – 0961

ISBN 979 – 11 – 5542 – 514 – 5(03320)
값 16,000원